Quick Guide

Quick Guides liefern schnell erschließbares, kompaktes und umsetzungsorientiertes Wissen. Leser erhalten mit den Quick Guides verlässliche Fachinformationen, um mitreden, fundiert entscheiden und direkt handeln zu können.

Weitere Bände in der Reihe http://www.springer.com/series/15709

Holger Witzenleiter · Stefan Luppold

Quick Guide Interkulturelle Kompetenz

Interkulturelle Sensibilisierung für eine grenzenlos erfolgreiche Kommunikation

Mit Illustrationen von Andrea, Anne und Junia Witzenleiter

Holger Witzenleiter
Emmendingen, Baden-Württemberg
Deutschland

Stefan Luppold
Kißlegg, Baden-Württemberg
Deutschland

ISSN 2662-9240 ISSN 2662-9259 (electronic)
Quick Guide
ISBN 978-3-658-29102-0 ISBN 978-3-658-29103-7 (eBook)
https://doi.org/10.1007/978-3-658-29103-7

Die Deutsche Nationalbibliothek verzeichnet diese Publikation in der Deutschen Nationalbibliografie; detaillierte bibliografische Daten sind im Internet über http://dnb.d-nb.de abrufbar.

© Springer Fachmedien Wiesbaden GmbH, ein Teil von Springer Nature 2020
Das Werk einschließlich aller seiner Teile ist urheberrechtlich geschützt. Jede Verwertung, die nicht ausdrücklich vom Urheberrechtsgesetz zugelassen ist, bedarf der vorherigen Zustimmung des Verlags. Das gilt insbesondere für Vervielfältigungen, Bearbeitungen, Übersetzungen, Mikroverfilmungen und die Einspeicherung und Verarbeitung in elektronischen Systemen.
Die Wiedergabe von allgemein beschreibenden Bezeichnungen, Marken, Unternehmensnamen etc. in diesem Werk bedeutet nicht, dass diese frei durch jedermann benutzt werden dürfen. Die Berechtigung zur Benutzung unterliegt, auch ohne gesonderten Hinweis hierzu, den Regeln des Markenrechts. Die Rechte des jeweiligen Zeicheninhabers sind zu beachten.
Der Verlag, die Autoren und die Herausgeber gehen davon aus, dass die Angaben und Informationen in diesem Werk zum Zeitpunkt der Veröffentlichung vollständig und korrekt sind. Weder der Verlag, noch die Autoren oder die Herausgeber übernehmen, ausdrücklich oder implizit, Gewähr für den Inhalt des Werkes, etwaige Fehler oder Äußerungen. Der Verlag bleibt im Hinblick auf geografische Zuordnungen und Gebietsbezeichnungen in veröffentlichten Karten und Institutionsadressen neutral.

Planung/Lektorat: Rolf-Guenther Hobbeling
Springer Gabler ist ein Imprint der eingetragenen Gesellschaft Springer Fachmedien Wiesbaden GmbH und ist ein Teil von Springer Nature.
Die Anschrift der Gesellschaft ist: Abraham-Lincoln-Str. 46, 65189 Wiesbaden, Germany

Was Sie in diesem Quick Guide finden können?

- Besseres Verständnis für das Phänomen Kultur
- Sensibilisierung für die eigene kulturelle Prägung
- Reflexion eigener Wahrnehmungs-, Kommunikations- und Handlungsroutinen
- Übungen zur Wahrnehmungspräzisierung
- Tieferen Einblick in kulturelle Prägungen durch ethnografische Methode, Kulturgrammatik und Kulturstandards
- Antizipation potenzieller Missverständnisse und Konflikte
- Nutzbarmachung kultureller Kommunikations- und Wahrnehmungsmuster
- Konkrete Tipps zur effektiveren Nutzung internationaler Netzwerke

Inhaltsverzeichnis

1 **Kulturbegriff und Interkulturelle Kompetenz**   1
   Literatur   5

2 **Live-Kommunikation/Event-Kommunikation – ein Fallbeispiel**   7

3 **Eigene Kultur**   23
   Literatur   27

4 **Wahrnehmung**   29
   4.1   Funktionsweisen unserer Wahrnehmung   30
   4.2   Attribution   34
   4.3   Fehlerquellen und Wahrnehmungsfilter   37
   4.4   Stereotypen   41
   4.5   Die eigene Kultur als Stolperstein   45
   Literatur   47

5	**Kommunikation**	**49**
5.1	Sender und Empfänger – Kodieren und Dekodieren	49
5.2	Der 4-ohrige Zuhörer nach Friedemann Schulz von Thun	50
5.3	Die 5 Axiome nach Paul Watzlawick	52
5.4	Werte- und Entwicklungsquadrat	53
5.5	Das Innere Team	54
	Literatur	56
6	**Kommunikationsstrategien**	**57**
6.1	Fragetechnik	58
6.2	Echotechnik	58
6.3	Finden von „Hot Buttons" und Gemeinsamkeiten	59
6.4	Aufbau von gemeinsamem Hintergrundwissen	59
6.5	Empathie durch Spiegeln des Gegenübers	59
6.6	Wahrnehmungspräzisierung	60
6.7	Indirekte Kommunikation	61
7	**Kulturgrammatik**	**65**
7.1	Schwacher vs. starker Kontext	67
7.2	Raum	68
7.3	Individualismus vs. Kollektivismus	72
7.4	Macht	75
7.5	Zeit	76
7.6	Kritik an der Kulturgrammatik	79
	Literatur	81
8	**Kulturstandards**	**83**
8.1	Deutsche Kulturstandards	84
8.2	Kulturstandards in China	88
8.3	Kulturstandards in Frankreich	96
8.4	Kulturstandards in Großbritannien	103

8.5	Kulturstandards in der Schweiz	110
8.6	Kulturstandards in den USA	116
8.7	Vergleich von Kulturstandards der wichtigsten deutschen Handelspartner	125
	Literatur	127

9 Aufbau einer Interkulturellen Kompetenz und Personalentwicklung 129

Kritik 135

Literatur 137

Über die Autoren

Stefan Luppold, ist Professor an der staatlichen DHBW (Duale Hochschule Baden-Württemberg) Ravensburg; dort leitet er den Studiengang „Messe-, Kongress- und Eventmanagement". Das gleichnamige Institut (IMKEM) hat er 2009 gegründet.
Zuvor war er zwei Jahrzehnte lang in internationale Projekte der Veranstaltungs-Branche eingebunden, darunter bei Messe- und Kongressgesellschaften, Stadien und Arenen, Kultureinrichtungen sowie den Veranstaltungsabteilungen wissenschaftlicher Verbände und Event-Agenturen.
Als Herausgeber von zwei Fachbuchreihen mit aktuell 20 Bänden, als Mitherausgeber des 2017 veröffentlichten „Praxishandbuch Kongress-, Tagungs- und Konferenzmanagement" sowie als Autor, Referent bei Branchenverbänden und Gastdozent an Hochschulen im In- und Ausland gibt er sein Wissen weiter.

Holger Witzenleiter, Dozent für Business & Technical English, Deutsch, Interkulturelle Kommunikation und Rhetorik unterstützt seit 18 Jahren Menschen in ihrer internationalen und interkulturellen Kommunikation. Er ist Director of Studies bei abc business communication, Markdorf und unterrichtet selbst in Einrichtungen der Erwachsenbildung, in Verwaltungen, Hochschulen und Universitäten sowie in Unternehmen in den Bereichen Luftfahrt und Automotive, der Messe- und Pharmazeutischen Industrie.

1 Kulturbegriff und Interkulturelle Kompetenz

> **Was Sie aus diesem Kapitel mitnehmen**
>
> Im folgenden Kapitel lesen Sie, wie Sie mit dem Kulturbegriff sinnvoll umgehen können. Zum einen wird der Begriff heute viel häufiger verwendet, zum anderen hat sich seine Bedeutung auch verschoben. In der Praxis wird Ihnen ein besseres Verständnis helfen, die kulturspezifischen Kommunikationssignale Ihrer fremdkulturellen Gegenüber zu erkennen und sinnvoll von situativen und persönlichen Verhaltensursachen abzugrenzen. „Interkulturelle Kompetenz" wurde in den letzten Jahren zu einem oft verwendeten Begriff, ohne dass wirklich bekannt ist, aus welchen einzelnen Fertigkeiten Interkulturelle Kompetenz denn besteht. Wir werden deshalb in diesem Kapitel differenzieren, um unsere eigene Interkulturelle Kompetenz und die unserer Mitarbeiterinnen und Mitarbeiter besser einschätzen zu können.

Kulturbegriff

Bevor wir uns darauf konzentrieren, wie ein Verständnis für Kultur und Interkulturelle Kompetenz uns helfen kann, unsere internationalen Begegnungen und Netzwerke erfolgreicher zu gestalten, wollen wir zunächst beschreiben, was mit ‚Kultur' gemeint ist.

Die gesellschaftlich weit verbreitete Nutzung des Begriffs ‚Kultur' macht seine genaue Definition nicht einfacher. Deshalb müssen wir den Begriff gleich dreifach abgrenzen, nämlich seine Bedeutung in den unterschiedlichen Zeiten, seine weiteren Bedeutungen und seine missbräuchliche Benutzung. Am Ende möchte ich Ihnen den Begriff dann gerne wieder „wegnehmen". Dazu aber mehr im abschließenden Kapitel.

Hätten wir in der Mitte der 1990er über ‚Kultur' gesprochen, wäre es uns sicherlich um Ballett, Theater oder Musik gegangen. Kultur war vor nicht allzu langer Zeit noch primär eine Beschreibung dessen, was Menschen ‚Schönes' erschaffen. Heute benutzen wir den Begriff ‚Kultur' häufiger, um zu beschreiben, wo und in welchen Belangen wir anders sind oder anders handeln als ‚die Anderen'. Somit beschreibt Kultur heute mehr die erwarteten Unterschiede. Der Kulturbegriff hat sich also gewandelt und in Zeiten der Globalisierung spricht ‚Kultur' eher Lebenswelten und Handlungsgewohnheiten an. Es geht bei Kultur also quasi um eine Art ‚mentale Programmierung',[1] eine Software.

Zwei weitere Bedeutungen liegen im Bereich der Religion, wie in ‚kultig' oder ‚Kult', oder auch im Bereich des Habitats, also des ‚Kultivierens' oder der ‚Agrarkultur'. Beide Bereiche interessieren uns weniger und seien nur zum ganzheitlichen Verständnis genannt.

Missbräuchlich benutzt wird der Begriff ‚Kultur' heute in der Integrationsdebatte und von der rassistischen identitären Bewegung sowie von Neurechten. Dort wird ‚Kultur' als statisch und unveränderlich gesehen sowie als determinierend für das Individuum. ‚Kultur' ist in den Publikationen der europaweit agierenden identitären Bewegung ein Euphemismus für ‚Rasse'. Ersetzt man in deren Texten das Wort ‚Kultur' durch ‚Rasse', wird deutlich, was die Bewegung möchte.

Was ist nun also das Verständnis von ‚Kultur', das uns helfen kann, internationale Begegnungen und Netzwerke erfolgreicher zu gestalten? Kultur ist zum einen dynamisch und einem ständigen Wandel unterworfen. Kultur ist ein Phänomen von Gruppen, wirkt identitätsstiftend und ist damit auch stark emotional besetzt. Unsere Kultur ist uns meist unbewusst und wirkt deshalb als selbstverständlich. Wir lernen Kultur

---

[1] Hofstede, G. (2017).

ähnlich, wie wir Sprachen lernen.[2] Aus diesem Vergleich heraus, entwickelte der Pionier der Interkulturellen Forschung Edward T. Hall die sogenannte Kulturgrammatik, denn ähnlich wie man Grammatik für eine Sprache lerne, brauche man eine Grammatik für Kultur.

„If culture is learnt, then this means it can be taught."(Edward T. Hall)[3]

Dass Entziffern, das Decodieren anderer Kulturen ist also erlernbar. Wir sprechen in diesem Fall – wenn Erwachsene lernen, mit Menschen aus anderen Kulturen umzugehen oder sich in einer neuen kulturellen Umgebung zurechtfinden, von Akkulturation. Kinder dagegen lernen Kultur von den Gruppen, in denen sie sozialisiert werden, von der Familie, in KiTa und KiGa und in der Schule. Dieser Prozess, der Enkulturation genannt wird, stattet Kinder mit einer mentalen Programmierung, mit Handlungs- und Wahrnehmungsmustern aus. Kultur ist ein Instinktersatz und bietet uns die notwendige Orientierung in unserem sozialen Umfeld. Der Kulturerwerb von Kindern findet quasi unbewusst statt.

Als vielleicht beste Erklärung darf ich einen Neologismus meiner geschätzten Kollegin und Trainerin Gesine Mahnke[4] vorstellen. Die Unbewusstheit unserer eigenen Kultur führt dazu, dass wir sie erst in der Interaktion mit Menschen bemerken, die nicht die gleiche Kultur teilen. In solchen Situationen stellen wir überrascht fest, dass unsere Handlungsroutinen und Erwartungen keineswegs ‚natürlich' für alle Menschen sind, sondern eher ‚kultürlich'.

Halten wir an dieser Stelle gleich fest, dass exakt solche Erfahrungen eine natürliche Ressource für Interkulturelles Lernen darstellen (Kap. 3 „Eigene Kultur").

---

[2]Roth, J. und Köck, C. (2011).
[3]Hall, E. (1966).
[4]https://www.gesine-mahnke.de/

Interkulturelle Kompetenz
Interkulturelle Kompetenz hilft deshalb nicht nur bei der Kommunikation zwischen Menschen aus unterschiedlichen ‚National' kulturen, sondern grundsätzlich Menschen, die sich gegenseitig als ‚fremd' erleben. Diese Menschen können durchaus aus demselben Land, derselben Region, ja sogar aus dem gleichen Dorf kommen. Eine Begegnung eines im Dorf lebenden Studiengangleiters mit einem Mitglied des Schützenvereins kann eine interkulturelle Erfahrung sein. Sobald Menschen sich gegenseitig als ‚fremd' erleben, findet ‚Interkulturelle Kommunikation' statt.

Der Aufbau Interkultureller Kompetenz erfolgt in erster Linie über die Beschäftigung mit der eigenen Kultur. Deren Kenntnis ist die Voraussetzung dafür, interkulturelle Erfahrungen überhaupt sinnvoll einordnen zu können. Darüber hinaus benötigt der Kompetenzaufbau eine Kombination aus affektiven Übungen, reflektierten Erfahrungen und einschlägigem Wissen sowie die Fähigkeit, Denkmodelle der Interkulturellen Lehre anzuwenden.

Wir richten uns mit diesem Quick Guide sowohl an Einzelpersonen, wie auch an Personal-Entwickler, die ihre Teams für Events auswählen und schulen. Für beide Lesergruppen müssen wir darauf hinweisen, dass Interkulturelle Kompetenz nicht alleine durch Wissen, sondern vor allem durch gezieltes Training, reflektiertes Erleben und Erfahrungen aufgebaut werden muss – unser Quick Guide alleine also wahrscheinlich nicht ausreichen wird.

Das an der Ludwig-Maximilians-Universität München entwickelte und erfolgreiche Xpert-Culture Communication Skills® – Curriculum geht davon aus, dass vier Tage Training notwendig sind, um interkulturelle Situationen erfolgreich beobachten und analysieren zu können, jedoch insgesamt zehn Tage benötigt werden, um in diesen Situationen erfolgreich zu agieren – also zum Erreichen einer Handlungskompetenz.[5]

---

[5] https://www.xpert-ccs.de/doc/document.aspx?filename=20140313_Seminarleitfaden.pdf

Interkulturelle Kompetenz setzt sich aus verschiedenen Teilkompetenzen zusammen. Zu diesen Teilkompetenzen gehören:

- Kenntnis der eigenen Kultur
- Bewusstsein für die eigene ‚Kulturbrille'
- Selbstdistanzierung
- Wahrnehmungspräzisierung
- Ambiguitätstoleranz
- Empathie
- Kulturrelativismus als Technik, um die Fähigkeit zum Perspektivenwechsel und zum Perspektivenausgleich herauszubilden

Um diese Teilfertigkeiten zu erlangen, empfehlen wir Ihnen jeweils spezielle Übungen. Abgerundet wird unser Quick Guide durch eine Checkliste für Inhalte, die Ihr Training oder das Training Ihres Personals beinhalten sollte. Doch lassen Sie uns mit einem Fallbeispiel zunächst die möglichen Herausforderungen in einem Event antizipieren:

Ihr Transfer in die Praxis

- Entwickeln Sie ein Verständnis für die eigene Kultur, denn eine wichtige Voraussetzung für das Entziffern von Kulturen ist ein tiefgehendes Verständnis der eigenen Kultur.
- Seien Sie sich immer bewusst: kulturelle Fragen sind immer auch identitätsstiftend für Menschen und damit sehr emotional.
- Interkulturelle Kompetenz will trainiert werden: der Kompetenzaufbau ist eine Kombination aus affektiven Übungen, reflektierten Erfahrungen und einschlägigem Wissen sowie die Fähigkeit, Denkmodelle der Interkulturellen Lehre anzuwenden.

Literatur

Hofstede, G. (2017). *Lokales Denken, globales Handeln*. München: Beck.

Roth, J., & Köck, C. (2011). Interkulturelle Kompetenz – Xpert Culture Communication Skills (S. 13–18). München: Bayrischer Volkshoch-schulverband e. V.

Hall, T. (1966). *The hidden dimension*. New York: Garden City.

2

Live-Kommunikation/Event-Kommunikation – ein Fallbeispiel

> **Was Sie aus diesem Kapitel mitnehmen**
>
> Mit dem nachfolgenden Beispiel zeigen wir auf, dass Interkulturelle Kompetenz in der Praxis in meist sehr vielen Details und Ausprägungen erforderlich ist – insbesondere dann, wenn es um persönliche Begegnungen geht. Wir werden auch einschätzen lernen, welche Art und Intensität von Interkulturellen Trainings für die verschiedenen Aufgaben- und Verantwortungsbereiche notwendig sind.

Eine hier fiktive aber auf einem realen Fall beruhende Veranstaltung wird in ihren einzelnen Phasen präsentiert; diese Art sogenannter Corporate Events wird häufig durchgeführt, hat für Unternehmen eine große Bedeutung und zählt zu den bewährten Elementen einer Begegnungskommunikation – oder Live Communication. Das Beispiel ist einfach übertragbar auf andere Varianten von Events – ob nun eine internationale Messebeteiligung, eine B2C-Veranstaltung, eine Anwendertagung oder eine Forschungskonferenz.

Die Service AG ist ein Unternehmen, das 2011 in Deutschland gegründet wurde; die Spezialisierung auf Dienstleistungen für Handwerksunternehmen hat zu einem raschen Wachstum geführt, bereits

2015 hat man mit der Internationalisierung begonnen. Zwischenzeitlich arbeiten rund 20.000 Frauen und Männer in der Zentrale sowie in den Niederlassungen in Europa, Asien und den USA.

Die Marktkommunikation war erfolgreich, der Umsatz hat sich, ebenso wie die Zahl der Niederlassungen im Ausland, planmäßig entwickelt. Nun muss die interne Kommunikation verbessert werden: dazu sollen einmal jährlich ausgewählte Mitarbeiter zu einer dreitägigen Konferenz an einen zentralen Ort eingeladen werden. Workshops und Vorträge, ein informeller Austausch sowie ein adäquates Rahmenprogramm werden die Bestandteile sein.

Noch vor der eigentlichen Planung ist ein Wissens- und Erfahrungsaustausch sehr interessant, um zu sehen, welche Ressourcen im Bereich des Know-how vorhanden sind. Handwerkliche Dienstleistungen sehen in unterschiedlichen Ländern aufgrund gesetzlicher und kultureller Besonderheiten teils sehr unterschiedlich aus. Ein Austausch über die unterschiedlichen Herangehensweisen in Bezug auf Auftragsannahme, Kundenbetreuung, Auftragsabwicklung, Nachbetreuung und Kundenbindung wird zu Überraschungen, Aha-Effekten in Bezug auf die vielfältigen Ansätze und zu einem Überblick führen. Dabei stellen die jeweiligen Erfahrungen und Handlungsgewohnheiten aus anderen Niederlassungen spannende Handlungsalternativen für die jeweils eigenen Strategien dar.

Bereits die erste Veranstaltung – der Arbeitstitel lautet „Annual Service AG Summit" – soll durch einen achtsamen Umgang mit den Besonderheiten von Teilnehmern aus aller Welt zeigen, dass das noch junge Unternehmen ein tiefes Verständnis von Dienstleistung, von Perspektivenwechsel und Serviceorientierung hat.

Insgesamt 900 Teilnehmer aus den verschiedenen Niederlassungen – Marketing, Vertrieb, Administration und Management – werden sich treffen. Unterstützt wird dies durch 180 Service-Kräfte, die sich um Organisation und Logistik, um Catering, Security, Technik und Dolmetschen kümmern. Zusätzlich sollen einige Vertreter der Kundenseite sowie ausgewählte Lieferanten beteiligt werden.

Der nachfolgende Ablauf zur Planung dieses Events entspricht dem typischen Aufbau; in sieben Schritte aufgeteilt wird zunächst ein Konzept entwickelt, gefolgt von Vor-Organisation und Grundlagenplanung.

Nach Detailplanung und Umsetzung, hier untergliedert in Vortag(e) und Veranstaltungstag(e), schließt die Phase Nachbearbeitung die Planung ab. Jede Phase ist kurz inhaltlich beschrieben und ergänzt um die dort möglichen interkulturellen Herausforderungen. Diese ex-ante, also vorher zu identifizieren, ist nicht nur hilfreich, sondern für den Erfolg einer Veranstaltung essenziell. Unter anderem zeitliche, budgetäre aber auch logistische Rahmenbedingungen lassen einen adäquaten Umgang mit interkulturellen Komponenten nur dann zu, wenn dies mit entsprechender Vorlaufzeit in die Wege geleitet wird. Planung ist hier exakt das, was durch den Begriff „Prospektives Denk-Handeln" zum Ausdruck kommt: Wir nehmen vorher die Perspektiven der Anderen (Teilnehmer, Team-Mitglieder, externe Dienstleister etc.) ein und spielen das Event in Gedanken durch.

Idealerweise treffen sich Vertreter der einzelnen Niederlassungen zur Projektplanung bereits am Austragungsort. Die persönlichen Reiseerfahrungen der Landesvertreter, das Ankommen und Zurechtfinden am Austragungsort und der Austausch vor Ort werden dem Projektteam helfen, mögliche Anforderungen und die Perspektiven der späteren Teilnehmenden besser zu antizipieren.

1. Konzept

Mit einem zeitlichen Vorlauf, der mehr als ein Jahr betragen kann, werden die konzeptionellen Grundlagen geschaffen. In dieser Phase finden die ersten Gespräche statt; es geht um die Gründe, die Ziele, die angestrebten Wirkungen der Veranstaltung. Unternehmensleitung und Personalabteilung, die Kommunikationsverantwortlichen und Repräsentanten der Auslandsvertretungen: sie tauschen sich aus, um eine erste Vorstellung davon zu erhalten, wie solch ein neues, internes Event beschaffen sein sollte.

Zu den ersten Schritten zählt dabei eine Ideensammlung rund um die Gestaltungsmöglichkeiten: wann und wo, mit wem, wie lange, welche Inhalte etc. Dabei kann unter Umständen ein Konstrukt entstehen, das sich auf die gesamte Terminierung auswirkt – wenn beispielsweise im Rahmen der Veranstaltung eine andere (Olympische Spiele, Fußballweltmeisterschaft, World Expo) besucht werden soll.

Aus organisatorischer Sicht wird mit der Erstellung eines sogenannten GANTT-Charts begonnen; es kombiniert die einzelnen Aufgaben mit dem dafür vorgesehenen Zeitraum und visualisiert die Chronologie des Events und hilft bei der Identifikation von planerischen Abhängigkeiten und zeitlichen Überlappungen.

Ein wichtiges Element der Veranstaltungsplanung ist die realistische Einschätzung von Vorlaufzeiten. Wann muss begonnen werden, um bestimmte Ergebnisse erzielen zu können, wie frühzeitig müssen beispielsweise Flüge, Hotels und die Eventlocation reserviert sein.

Die Verschriftlichung eines Konferenz- oder Event-Profils ist in der Konzept-Phase ein wichtiger Teil des Fundaments; es beschreibt in sehr reduzierter Form die Antworten auf alle W-Fragen: Weshalb soll die Veranstaltung stattfinden, wer wird dazu eingeladen, wann und wo sind der richtige Zeitpunkt und der passende Ort, was soll inhaltlich geschehen um welche Ziele zu erreichen. Zahlen und Fakten, die bei der strukturierten Gestaltung eines Konzepts als Rahmen dienen und dabei die Sinnhaftigkeit in den Mittelpunkt stellen.

Ebenfalls erstellt wird ein Teilnehmer-Profil. Es beschreibt die Eigenschaften der Gäste, um so einen exakten inhaltlichen Zuschnitt gewährleisten zu können. Demografische Details, Informationen über spezifische Vorlieben und Abneigungen, Erwartungen und Voraussetzungen. Dieses Profil bezieht sich nicht auf einzelne Personen, sondern beschreibt die Merkmale der Gruppen und muss deshalb soweit ausdifferenziert sein, dass eine gewisse Repräsentativität gegeben ist.

Schließlich erfolgt ein erster Budget-Entwurf. Entlang des Konzept-Entwurfs kann abgeschätzt werden, wo welche Teilbudgets anfallen; insbesondere bei Erstveranstaltungen, die nicht auf Erfahrungswerte zurückgreifen können, ist dies ein schwieriges, jedoch besonders wichtiges Unterfangen – das Sorgfalt und einige Recherche erfordert.

<u>Interkulturelle Aspekte in der Konzept-Phase</u>

- Ausbildung in Interkultureller Kompetenz und Erfahrungshintergrund in mehreren unterschiedlichen Kulturräumen – Status Quo ermitteln und proaktiv bei den Verantwortlichen (insbesondere zunächst Planungsgruppe der Veranstaltung) Grundlagen schaffen!

- Sofern bereits eine mögliche Destination diskutiert wird: Gewinnung von spezifischen kulturellen Details zur Vermeidung von Fehlern oder gar eines Scheiterns (Feiertage etc.)!
- Antizipation potenzieller Verzögerungen durch kulturspezifische Einstellungen zum Thema „Zeit":

  (1) Verzögerung von Entscheidungen!
  (2) Missachtung von Deadlines und Lieferfristen!
  (3) Der Reihe nach oder „alles gleichzeitig!"

- Im GANTT-Chart interkulturelle Aspekte – insbesondere Feiertage in den Herkunftsländern – berücksichtigen – dazu Verspätungen einplanen; offizielle Deadline mit Puffer vor inoffizieller/geheimer und eigentlicher Deadline!
- Gibt es in der Organisation, Abfolge etc. bereits Unterschiede an verschiedenen Austragungsorten?
- Erster Quer-Check der Dos & Don'ts im Umgang mit Teilnehmern unterschiedlicher Kulturkreise – trotz Unternehmenszugehörigkeit! Guideline für Service-Personal formulieren, dabei sowohl für Personal vom Standort als auch für externes Personal (Beispiel: Verhaltenshinweise zur persönlichen Sicherheit)!
- Bedürfnisse/Erwartungen der Teilnehmer unterschiedlicher Kulturkreise antizipieren, entlang des erstellten Profils!

2. Vor-Organisation

Der Konzept-Entwurf ist Ausgangsbasis für Überlegungen und Aktivitäten, die als Vor-Organisation bezeichnet werden. Hier stellt sich insbesondere die Frage, mit welchen zusätzlichen Veranstaltungs-Experten zusammengearbeitet werden soll, wo Unterstützungsleistungen sinnvoll oder unvermeidbar sind.

Eine Agentur, die sich auf das Planen und Durchführen von Veranstaltungen spezialisiert hat, kann gegebenenfalls in die Rolle eines Gesamtverantwortlichen gebracht werden. Dies insbesondere dann, wenn damit organisatorische Entlastung und das Zukaufen von fehlendem Erfahrungswissen verbunden sind. Gleichzeitig erfordert das eine eigene, nicht unerhebliche Position im Budgetrahmen. Und es ist klar, dass ein großes zeitliches Engagement beim Auftraggeber verbleibt:

er muss Prioritäten definieren, Ziele formulieren, Inhalte bestimmen und Content liefern. Neben einem klassisch als Event-Agentur bezeichneten Dienstleister gibt es sogenannte PCOs (Professional Conference Organizer) – die sich grundsätzlich mehr im Tagungs- und Kongressgeschäft von (wissenschaftlichen) Verbänden bewegen.

Es muss nicht unbedingt das gesamte Veranstaltungsmanagement extern vergeben werden, auch Teilleistungen sind möglich; Pakete können beispielsweise sein: Abendveranstaltung, Teilnehmerregistrierung, Travel Management, Begleitprogramm.

Eine andere Form der Unterstützung liefert eine DMC – Destination Management Company. Dies sind die lokalen Experten, die sich mit den Gegebenheiten vor Ort auskennen. Über eine Verpflichtung muss aus verschiedenen Gründen nachgedacht werden: von der Beauftragung lokaler Aushilfskräfte über die Identifikation geeigneter Caterer und anderer Dienstleister bis hin zur Organisation von besonderen Attraktionen (die nur über ein vorhandenes Netzwerk zugänglich sind) kann eine DMC eingebunden werden.

Internationale Veranstaltungen erfordern eine frühzeitige Klärung von rechtlichen, auch steuerrechtlichen Fragen. Hier ist ebenfalls die Vor-Organisations-Phase der richtige Abschnitt in der gesamten Projektplanung. Visa können eine Herausforderung sein, eventuell auch nur für einige der Teilnehmer. Zollbestimmungen reglementieren gegebenenfalls die Anlieferung von Equipment oder erhöhen den Aufwand einer rechtzeitigen Zustellung. Währungsaspekte, nicht nur auf Wechselkursschwankungen bezogen, sind zu prüfen. Als Hilfskonstrukt dient die PESTEL-Formel; Aspekte, die eine Rolle spielen können, sind in den Kategorien political, economical, social, technological, ecological und legal zu finden. Die erweiterte Form, PESCHTEL, die eher selten zu finden ist, weist zusätzlich cultural und human resources als Kategorien aus. Vom Steckdosen-Adapter bis zum Spannungswandler, von der Sondergenehmigung bis zu Entsorgungsrichtlinien, von Fastenzeiten bis zu Trinkgeldregelungen…dies kann bereits bei einem innereuropäischen Land herausfordernd sein.

Ein Kommunikationskonzept soll alle die Aufgaben ausweisen, die im Rahmen der Veranstaltung eine Rolle spielen. Bei einem internen Event wird das nicht unbedingt PR-lastig sein, jedoch müssen

Ankündigen rechtzeitig erfolgen und eine hinführende wie Nach-Berichterstattung organisiert sein. Hier geht es um Aufgaben, aber auch um Verantwortliche, um Fristen („savethedate") und gewünschte Inhalte. Wie bei einem typischen Kommunikationskonzept müssen die Aspekte einer integrierten Kommunikation (inhaltlich, formal, zeitlich) mit einfließen.

Kommunikation bezieht sich auch auf die Gruppen, die nicht als Teilnehmer angesprochen werden sollen – also Dienstleister und externe Service-Partner, diverse Stakeholder und selbstverständlich die Mitglieder des Organisations-Komitees.

Interkulturelle Aspekte in der Vor-Organisations-Phase

- Interkulturelle Handlungskompetenz – erneut überprüfen, inwieweit vorhanden und wo sie (nun noch dringender) nachzubessern ist!
- Kommunikation und Dokumentation der Anforderungen in Bezug auf „internationale Gäste" ausarbeiten und Varianten konzipieren!
- Überprüfen, inwieweit ein Wissenstransfer (z. B. von der DMC) zum Auftraggeber hergestellt werden kann!
- Verifikation von Resultaten der Vor-Organisation durch interkulturelle Kompetenz-Träger!

3. Grundlagenplanung
Eine Stufe detaillierter geht es im dritten Schritt zu, insbesondere was die Planung von Ressourcen betrifft. Eine Entscheidung hinsichtlich des Ortes bzw. der Destination muss getroffen werden, damit weitere Reservierungen und Buchungen erfolgen können. Inwieweit die Destination mehrere Locations zulässt – oder die Location ausgewählt wurde und damit die Destination determiniert – hängt von der jeweiligen Situation ab.

Ein Rohkonzept liefert Anhaltspunkte, um Räume zu buchen – oder eine ganze Location. Die Auswahl bezieht sich dann auf alle benötigen Flächen; sowohl die für Konferenzen als auch für Rahmenveranstaltungen erforderlichen Räume müssen ausgewählt und reserviert werden. Dem geht, selbstverständlich, eine Machbarkeitsprüfung voraus; entgegen großen internationalen Events, für die Infrastruktur noch gebaut werden muss (Hotels, Flughafen, Autobahnen etc.) muss in unserem Beispiel auf vorhandene Ressourcen zugegriffen werden. Daher erfolgt vorab die Analyse mit Bezug auf An- und Abreise, Unterbringung, Tagungsflächen etc. – verbunden mit budgetären Aspekten. Die finale Entscheidung verbindet Gestaltungsmöglichkeiten und Kosten mit Gesamtlogistik und thematischer Passung.

Dies ist 1:1 übertragbar auf die Buchung bzw. Kontingentierung von Unterkünften für Teilnehmer, Organisatoren, Künstler und so weiter. Bei einer Veranstaltung mit insgesamt über 1000 Pax wird die Zusammenführung „unter einem Dach" nicht gelingen – was Auswirkungen hat auf die benötigte Transportlogistik. Eine firmeninterne Veranstaltung ist bezüglich der Unterkünfte verlässlicher quantifizierbar, da es kein offenes Angebot zur Teilnahme gibt, sondern im Vorfeld feststeht, wer kommen wird.

Die Programm-Struktur wird entwickelt bzw. verfeinert. Eröffnungs- und Schlussveranstaltungen müssen mit Workshops und anderen interaktiven Elementen kombiniert, Rahmenprogrammpunkte eingebaut und ausreichend Pausen und Logistik-Zeit eingeplant werden. Das initiale Ziel muss hier ausgeformt und in eine optimale Ablauf-Struktur gegossen werden.

Hieraus ergeben sich weitere Anforderungen – an Redner (etwa der eröffnende Keynote Speaker), an die Moderation der Veranstaltung sowie an Guides, nicht nur für Stadtführungen und kulturelle Trips. Selbstverständlich ist ein Terminstopper für das mit eingebundene Management bereits kommuniziert; je nach Level der externen Redner und Moderatoren muss schon vor der Grundlagenplanung eine Verfügbarkeit unverbindlich angefragt werden. Die terminliche Verortung der Gesamtveranstaltung kann auch unter Berücksichtigung der Disponibilität bestimmter Menschen erfolgt sein!

Die Agenda ist schließlich das Dokument, das den Ablauf der Veranstaltung aus Sicht der Teilnehmer beschreibt. Es enthält alle Bausteine, einschließlich möglicher optionaler Elemente – die eine Auswahlmöglichkeit bieten.

Im Gegensatz dazu ist der Zeitplan (Timetable) ein Dokument mit dem Gesamtablauf aus Sicht der Organisatoren; dort finden sich logistisch relevante Phasen, Auf-, Um- und Abbauzeiträume und so weiter.

Der Gesamtblick schafft nun auch die Möglichkeit, um detailliert die personellen Ressourcen zu planen. Aus verschiedenen Quellen – interne Mitarbeiter, für das Event engagierte Aushilfen und Service-Kräfte der externen Dienstleister – ergibt sich der Detailplan Personal. Dies gilt für alle relevanten Gewerke.

Obwohl gerade erst fertig mit der Agenda für die Teilnehmer, müssen nun auch die vor- und nachlaufenden Aktivitäten geplant werden. Dies sind einerseits solche, die für Teilnehmer relevant sind – für Voranreisende und/oder Spätabreisende; andererseits sind es Aufgaben des Organisators bzw. des Organisations-Teams, die im Vor- bzw. im Nachfeld des Events vorgesehen werden müssen.

Ein Motto für die Veranstaltung sollte bereits in groben Zügen beschrieben worden sein; jetzt kann es detailliert erstellt und hinsichtlich inszenierender Faktoren ausgearbeitet werden. Dies verbindet die generellen Ziele des Events mit den Details der Inhalte, einschließlich der Konfiguration von Catering etc.

Schließlich sind die Reise-Arrangements zu planen. Hierzu zählen auch die Transfers sowie alle Buchungen für das Organisations-Team. Je nach ausgewählter Destination und dem Angebot an Linienverbindungen sind direkte Flüge oder das Sammeln an einem Hub sinnvoll. Spezifische Dienstleister können die Planung und Organisation der Reise-Arrangements übernehmen, teilweise auch mit zusätzlichen Leistungen wie etwa der Einrichtung von Service-Points an den Flughäfen, der Kennzeichnung reservierter Sitzplätze oder der Buchung individueller Transfers am Zielort.

<u>Interkulturelle Aspekte in der Grundlagenplanungs-Phase</u>

- Vorbereitende Sitzpläne in Bezug auf kulturelle Anforderungen asiatischer Teilnehmer – insbesondere China/Japan – planen und abwägen, inwieweit dies bei einer internen Unternehmensveranstaltung eine Rolle spielen kann oder muss.
- Beispiel China: Die hierarchisch höchste Person erhält den Platz, der den besten Blick zum Eingang bietet, neben ihm die „rechte Hand"!
- Entsprechen die Unterkünfte den kulturspezifischen Erwartungen (Hierarchie zwischen den Teilnehmern)?

- Kulturspezifische Erwartungen an Präsentationsstil, Workshops, Interaktion etc.!
- Ist, passend zur Teilnehmerstruktur, ein multikulturelles Catering-Team möglich? Finden die Teilnehmer auch Service-Personal aus ihrem Kulturkreis?
- Wie verhält es sich mit Pausen, Ruhezeiten, besonderen Herausforderungen durch eine lange Anreise etc.? Ein generelles Hilfsmittel sind ausreichende (zeitliche) Freiräume!
- Ist das Motto, trotz Zugehörigkeit zu einem gemeinsamen Unternehmen, eindeutig, verständlich und wirkungsstark? Inszenierung und Dramaturgie unterliegen großen kulturellen Verständnis-Schwankungen!

4. Detailplanung

Mit einem Vorlauf, der zwischen zwei Monaten und über einem Jahr liegen kann, abhängig von der Komplexität der Veranstaltung, beginnt die Planung der Details. Dies bezieht sich insbesondere auf die Absprachen mit den Dienstleistern, die im idealen Fall jedoch bereits vorher ausgewählt und wo erforderlich beratend mit hinzugezogen wurden.

Catering ist ein zentrales Element; es wird allgemein davon ausgegangen, dass die unmittelbare Wirkung – Wohlfühlen, Wertschätzung etc. – wesentlich durch eine adäquate Versorgung mit Speisen und Getränken erzielt werden kann. Und dies nachhaltig: positive Erinnerungen an Events sind in der Regel verbunden mit Catering.

Im Ablauf der Gesamt-Agenda ist die Speisenfolge zu verabreden – wann wer womit versorgt wird. Das umfasst alle anwesenden Personen, also auch das Organisations-Team, die externen Dienstleister und so weiter; gerade das sogenannte Crew-Catering wird hinsichtlich seiner Bedeutung unterschätzt – gut ver- und umsorgte Dienstleister können immer einen besseren, engagierteren Service bieten. Der Caterer ist normalerweise auch Ansprechpartner für das sogenannte Nonfood-Catering; das sind Ausstattungselemente, wie Geschirr und Gläser, Buffet-Tische und Tischdekoration, die Bestandteil des Catering-Gesamtkonzepts sind.

Ein erfahrener Caterer wird die richtigen Fragen stellen, die richtigen Anforderungen formulieren. Hierzu zählen logistische Themen zur Anlieferung und Entsorgung ebenso wie organisatorische wie das definitive Ende der Servicebereitschaft oder die Unterbringung der eigenen Mitarbeiter.

Das Thema „Motto" oder andere zur Inszenierung ausgewählte Gestaltungselemente werden im gemeinsamen Austausch auf die gastronomische Versorgung übertragen, deren Inhalte und Präsentation, Erscheinungsbild (auch des Servicepersonals) etc. Eine zusätzliche Orientierung muss der Caterer durch Auszüge aus dem Teilnehmer-Profil erhalten.

Weitere Detailabsprachen erfolgen mit Dolmetschern und sonstigen Dienstleistern. Inwieweit bei dieser internationalen Veranstaltung beispielsweise Simultandolmetscher zum Einsatz kommen müssen, hängt nicht nur davon ab, ob es eine festgelegte Unternehmens-Sprache gibt; es mag sein, dass sich alle teilnehmenden Mitarbeiter ganz ordentlich auf Englisch verständigen können, allerdings einzelne Personen – ausgewählte Kunden, externe Redner etc. – nicht. Ganzheitliches Denken und Perspektivenwechsel zeigt, wo durch adäquate Dienstleistung die sprachliche Verständigung unterstützt werden muss. Sicherheit und Transport, Film- und Fotoaufnahmen, Veranstaltungstechnik und Dekoration, Künstler und Redner: entsprechende Agenturen, die im Vorfeld identifiziert und möglicherweise bereits verpflichtet wurden, sind jetzt als erfahrene Partner für die Detailabsprachen gefragt.

Zu den Details gehört auch die Festlegung der jeweiligen Raumausstattung – Bestuhlung, Dekoration, Technik, Ausschilderung. Außerhalb Deutschlands ist die Versammlungsstätten-Verordnung, deren Hauptaugenmerk der Veranstaltungssicherheit gilt, nicht zu finden. Einzelne, länderspezifische Regelungen ersetzen möglicherweise nicht das hohe Level dieser Verordnung, sodass – ohne rechtlichen Zwang – individuell gearbeitet werden muss. Das kann beispielsweise Entfluchtung und Brandschutz betreffen.

Die Ausstattung mit Veranstaltungstechnik fokussiert nicht allein die Vortrags- und Workshop-Sessions, wo mit audiovisuellem Equipment –

Projektoren, Leinwände, Verstärker, Mikrofone – gearbeitet werden soll. Es geht auch um inszenierende Elemente bei den gesellschaftlichen Funktionen: Abendveranstaltung mit stimmungsvoller Beleuchtung und Effektbeleuchtung der Bühnenakteure. Daneben dient Veranstaltungstechnik der Kommunikation durch die Anzeige des Programms, wegweisende Screens, Durchsagen an die Teilnehmer, etc. Bei der Beschilderung ist Piktogrammen gegenüber geschriebenen Wegweisen der Vorzug zu geben.

Interkulturelle Aspekte in der Detailplanungs-Phase

- Hostessen, Catering- und sonstiges Service-Personal muss spezifisch ausgewählt und hinsichtlich der Aufgabe – und der Teilnehmer sowie deren Erwartungen – gebrieft sein!
- Kultursensible Küche: Warmes zum Frühstück für chinesische Teilnehmer, adäquate Fleischsorten, eine differenzierte Präsentation und Zubereitung (halal, koscher, aber auch vegan)!
- Eine nonverbale Kommunikation (Beschilderung), die individuell verständlich ist!

5. Vortag(e)

In den letzten Stunden vor der Veranstaltung – man kann nicht mehr von Planung und noch nicht von Durchführung sprechen – wird das sogenannte Function Sheet (Ablaufplan, Regieplan, Anlass-Protokoll, Laufzettel etc.) komplettiert und in einer letzten, verbindlichen Fassung publiziert. Dieses komprimierte Schriftstück enthält eine Fülle an Informationen, die für die Verantwortlichen organisatorische Leitplanken, zeitliche Orientierung und Notfall-Anweisungen bieten.

Zunächst sind dort allgemeine Angaben zu finden, die unter anderem die Gäste bzw. Teilnehmer beschreiben – wer kommt, weshalb und woher, wie viele und so weiter. Gleichzeit ist das Projekt- oder Organisationsteam beschrieben sowie alle relevanten Ansprechpartner der externen Dienstleister – darunter die Verantwortlichen für das Catering, die Personallogistik und die Unterkunft.

Eine chronologische Agenda des Events mit organisatorischen Details, Teilnehmer- und Hotellisten, CAD-Pläne der Räume und deren Ausstattung, Ansprechpartner für medizinische Notfälle sowie ergänzende Notizen komplettieren das Function Sheet.

Die Teilnehmerliste wird aktualisiert, letzte Änderungen eingepflegt und im Team bekannt gegeben. Materialien, die an die Teilnehmer ausgegeben werden, müssen komplettiert und zusammengestellt werden; dazu zählen gegebenenfalls Namensschilder, grafische Pläne, Hinweise auf Internet-Zugang oder den Download von Veranstaltungs-Apps, eine aktualisierte Agenda und diverse Housekeeping-Informationen.

Interkulturelle Aspekte in der Vortag(e)-Phase

- Wie durchgängig erforderlich: stetige Spiegelung der Informationen an die Teilnehmer hinsichtlich eines, möglichst selbsterklärenden, Verstehens!
- Abgleich von unternehmenskulturellen mit interkulturellen Regelungen; z. B. für die Namensschild-Beschriftung.
- Erfassung interkulturell relevanter Informationen im Function Sheet zum geplanten Umgang mit möglichen Herausforderungen oder Besonderheiten. Hier auch die Ergebnisse einer beim Anmeldeprozess stattgefundenen Abfrage: *Do you have any dietary restrictions or medical needs we should be aware of?*

6. Veranstaltungstag(e)

Letzte Checks bereiten die Veranstaltung vor; ein Durchgang durch alle relevanten Räume, eine Inspektion der vorbereiteten Technik, eine Überprüfung der An- und Abfahrtswege etc. Neben der Umsetzung und der damit verbundenen hohen Konzentration auf das Geschehen vor Ort erfolgen finale Briefings für alle beteiligten Helfer und Dienstleister. Improvisation und Nachsteuern immer dort, wo erforderlich, Änderungen und Abweichungen stets verzögerungsfrei und direkt kommuniziert.

Auf die Darstellung weiterer Details im Ablauf – von Hospitality Desk bis zu Fairwell-Geschenk – wird an dieser Stelle verzichtet.

Interkulturelle Aspekte in der Veranstaltungstag(e)-Phase

- Was bislang eine sensible, verständnisvolle Planung war, ist jetzt eine gelebte Gastgeberrolle mit der konsequenten Umsetzung der vorbereiteten Leistungen!
- Eine interkulturell professionelle Gastgeberrolle beinhaltet nicht nur ein Helfen auf Nachfrage, sondern benötigt viel mehr das antizipierende Anbieten von Hilfestellungen, bevor Gäste danach fragen.
- Das Servicepersonal sollte persönliche Antworten und Begleitungen gegenüber geschriebenen Informationen und Wegbeschreibungen den Vorzug geben.

7. Nachbearbeitung

Im Anschluss an die durchgeführte Veranstaltung erfolgt ein Rückblick, genannt Debriefing. Er dient dazu, die erbrachten Leistungen kritisch und ganzheitlich zu betrachten und Schlüsse für zukünftige Events zu ziehen. Ein offener, ehrlicher Austausch ist essenziell für ein Debriefing!

Zusammenfassende Notizen für den internen Gebrauch – eine Art Protokoll – wird erstellt und zur Event-Dokumentation hinzugefügt. Eine erfolgswirtschaftliche Nachbearbeitung fokussiert quantitative und qualitative Größen. Wurden die gesetzten Ziele erreicht und konnte das geplante Budget eingehalten werden?

Post-Event-Kommunikation richtet sich an Dienstleister und Teilnehmer gleichermaßen. Im ersten Fall als Dankesschreiben bezüglich der erbrachten Qualität, im zweiten Fall in Form einer Event-Dokumentation. Daneben können Stakeholder und Presse über die erfolgreich durchgeführte Veranstaltung informiert werden.

Interkulturelle Aspekte in der Nachbearbeitungs-Phase

- Press Releases: Ein kultureller Blick auf unterschiedliche Artikel, wie werden Schlagzeilen/Inhalte vor Ort verstanden, was sollte im Mittelpunkt stehen? Geht es um Erfolge oder Personen – oder beides?
- Nach-Kommunikation an die Teilnehmer: Ist die Anfertigung von Film- und Fotomaterial, trotz betrieblichem Grund, okay?

- Debriefing: Können alle Beteiligten offen mit Kritik umgehen, gibt es Ressentiments hinsichtlich eines direkten, objektiven Austausches?
- Besonderer Fokus auf Feedback von Teilnehmern aus den unterschiedlichen Herkunftsländern. Gibt es Häufungen bestimmter Bewertungen aus einem Land?
- Dank im Allgemeinen: Wo ist das obligatorisch, wo deutet das auf andere Gründe hin?

Ihr Transfer in die Praxis
- Vergessen Sie nicht, über interkulturelle Kompetenz bereits zu Beginn eines Projekts nachzudenken und somit proaktiv zu handeln!
- Behalten Sie stehts das „Große Ganze" im Blick, ohne jedoch die auf Details gerichtete Aufmerksamkeit zu vernachlässigen!
- Rechnen Sie mit sich verändernden Anforderungen im Projektverlauf!
- Auch wenn Sie von Projekt zu Projekt bestimmte organisatorische Abläufe kopieren können: betrachten Sie die interkulturellen Herausforderungen immer im „Premiere-Modus"!

3

Eigene Kultur

> **Was Sie aus diesem Kapitel mitnehmen**
>
> Der Aufbau Interkultureller Kompetenz muss sinnvoller Weise mit der Beschäftigung mit der eigenen Kultur beginnen. Nur, wenn wir ein Bewusstsein dafür entwickeln, was wir selbst als ‚normal' sehen und was in unserer Kultur ‚üblich' ist, können wir andere kultureller Verhaltensmuster überhaupt erst sinnvoll einordnen und erfolgreich agieren.

Vom Fallbeispiel der Live-Kommunikation in der Event-Branche kommen wir so zurück zum individuellen Aufbau einer Interkulturellen Kompetenz. Jeder Aufbau Interkultureller Kompetenz muss zwingend mit der Beschäftigung mit der eigenen Kultur beginnen. Nun ist die explizite Beschäftigung mit der eigenen Kultur weder unser Alltagsgeschäft noch haben wir oft Anlass dazu. Ich möchte hier drei Zugänge vorschlagen:

1. Werte-Analyse von Sprichwörtern, Werbung und Witzen
2. Perspektivenwechsel
3. Fremdheitserfahrungen

zu (1): Haben Sie sich schon einmal mit einer Freundin im Café getroffen und sie gefragt, was denn so ihre Werte seien? Und sie antwortete mit „Loyalität", „Fleiß" und „Zuverlässigkeit". Kommt Ihnen die geschilderte Situation seltsam vor?

Über ‚Werte' sprechen wir eigentlich selten explizit, sondern verhandeln diese eher über Geschichten und Diskussionen, über unsere Bewertungen von Ereignissen und unsere Ansichten zu kontroversen Themen. Auf dieser Ebene verhandeln wir die darunterliegenden Werte ohne sie eigentlich zu benennen. Dabei sind Werte als Handlungsorientierung quasi omnipräsent, sie stecken in Werbespots und Reklame, in Sprichwörtern und sogar in Witzen finden wir Anti-Werte. Wir lachen über den, der die Werte nicht lebt.

Aufgabe 1: Eigene Kultur

Notieren Sie zehn Sprichwörter. Sie können auch Kolleginnen und Kollegen fragen, das gleiche zu tun. Jene Sprichwörter, die von verschiedenen Personen genannt werden, haben eine höhere Relevanz.

Gehen Sie dann an die Werte-Analyse. Welcher Wert steckt hinter den jeweiligen Sprichwörtern?

Beispiele:

- „Ohne Fleiß, kein Preis" – Wert: Fleiß;
- „5 min vor der Zeit, ist des Deutschen Pünktlichkeit" – Wert: Pünktlichkeit aus Respekt vor der Zeitplanung des Anderen

Nach der Analyse aller Sprichwörter können Sie sich fragen, welches der Sprichwörter denn noch aktuell und welches bereits von den Entwicklungen der Zeit überholt wurde. Oder gibt es vielleicht neue, abgewandelte Sprichwörter:

Beispiel:

- „Liebe vergeht, Hektar besteht." – Wert: Besitz; Heute vielleicht besser: „Liebe vergeht, WLAN besteht."

Wenn Kultur dynamisch ist, unterliegt sie auch ständiger Veränderung. Lesen Sie nach unserer Sprichwortübung nur die gefundenen Werte und fragen Sie sich: Sind diese Werte geeignet, um die deutsche Kultur zu beschreiben?

Zu (2): Gerne sprechen wir im Bereich des Perspektivenwechsels auch vom „fremden Spiegel". Wir betrachten uns selbst, bzw. unsere Kultur durch die Brille eines Anderen, mit dessen Interpretationen und Sichtweisen. Beispiele, die geeignet sind unser Selbstbild zu ergänzen, finden sich in Film- und in Textform.

> **Filmtipp 1: „Das Fest des Huhns" (von Walter Wippersberg, ORF 1992)**
>
> Diese Mockumentary – also eine ‚gefälschte' Dokumentation – betrachtet „das mysteriöse und rätselhafte Oberösterreich durch die Brille von „All African Television" und seinem Starreporter Kayonga Kagame.[1]

> **Buchtipp 1: „Briefe in die chinesische Vergangenheit" (von Herbert Rosendorfer, dtv München 1983)**
>
> Der chinesische Mandarin Koa-tai gelang mit einem Zeitreisekompass vom 10. Jahrhundert aufgrund eines Fehlers ins München der modernen Zeit. Mit 37 Briefen wendet er sich an seinen Freund Dji-Gu im Reich der Mitte und schildert die Erfahrungen mit den Langnasen, ihren unkultivierten Sitten und ihrem schnellen Leben.

> **Buchtipp 2: „Doing Business with Germans" (von Sylvia Schroll-Machl, 2003 Vandenhoeck & Rupprecht Göttingen)**
>
> Sylvia Schroll-Machl ist selbst Trainerin und sammelte in diesem Buch Geschichten und Anekdoten, die Impatriats aus den unterschiedlichsten Ländern in Deutschland und mit uns Deutschen erlebt haben.

---

[1] https://www.youtube.com/watch?v=3SIUybd9K7g&t=18s

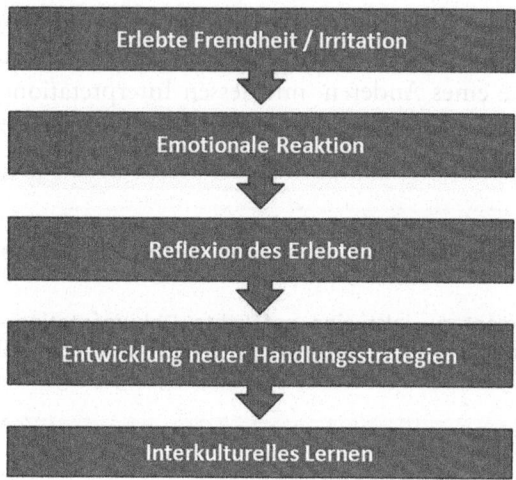

Abb. 3.1 Fremdheit als Lernchance. (Eigene Darstellung in Anlehnung an Roth, J. und Köck, C. (2011))

Zu (3):

> „Anything that irritates us about others, can lead to a better understanding of ourselves." (Carl Jung)

Situationen, in denen wir ‚Fremdheit' spüren oder die wir als Irritation erleben, sind vor allem eins: Gelegenheiten zum Interkulturellen Lernen. Das reflektierte Erleben neuer Situationen und unserer eigenen emotionalen Reaktion darauf, kann zu zweierlei Erkenntnissen führen: Zum einen über unsere eigene erwartete Normalität in dieser Situation. Zum anderen lernen wir über die Normalität des Anderen (Abb. 3.1).

Bei der Reflexion erlebter Fremdheit/Irritation erscheint es hilfreich, die eigene Erfahrung auch zu kategorisieren.[2] Sehen wir das Erlebte als

---

[2]Roth, J. und Köck, C. (2011, S. 28–29).

1. …faszinierend, exotisch und interessant: Eine Adaption fremder Handlungsmuster ist also gut möglich.
2. …bisher unbekannt: Eine Integration erscheint möglich.
3. …nicht von hier: Fremdes Verhalten, fremde Eindrücke sind nur vorübergehender Natur
4. …inakzeptabel: Das Erlebte wird als moralisch falsch und verwerflich empfunden.
5. …bedrohlich: Es löst Angst aus.

Die Situationen, in denen wir erleben, dass etwas für uns ‚Natürliches' so nicht geteilt wird, zeigen auf unsere kulturellen Erwartungen und Gewohnheiten und zeigen jene unseres Gegenübers.

Die Beschäftigung mit ‚Critical Incidents' – mit Fallbeispielen – ist deshalb in der Vorbereitung auf Auslandsaufenthalte, auf Auslandsaufträge und Messen mit Fachpublikum aus speziellen Kulturen empfehlenswert. Expatriates tauschen sich vor Ort gerne untereinander aus und bilden Expatriat-Communities, die sich gegenseitig mit Erfahrungen, Rat und Tat helfen.

Ihr Transfer in die Praxis

- Beginnen Sie über die Reflexion von Sprichwörtern und Werbung die eigene Kultur besser kennen zu lernen.
- Nutzen Sie Perspektivenwechsel um die Fremdperspektive auf Ihre Kultur besser kennen zu lernen.
- Irritationen und Momente, in denen Sie Fremdheit spüren, sind eine Lernchance. Richten Sie erst den Blick nach innen, dann nach außen und versuchen Sie damit, Ihre kulturelle Normalität und die Ihres Gegenübers kennen zu lernen.

Literatur

Hofstede, G. (2017). *Lokales Denken, globales Handeln*. München: Beck.
Roth, J., & Köck, C. (2011). *Interkulturelle Kompetenz – Xpert Culture Communication Skills* (S. 13–18). München: Bayrischer Volkshoch-schulverband.

4

Wahrnehmung

> **Was Sie aus diesem Kapitel mitnehmen**
>
> Die naive Vorstellung ist es, dass wir die Welt und das, was um uns herum passiert, als Kopie in unserer Vorstellung abbilden. Weit gefehlt. Nach diesem Kapitel werden Sie besser verstehen, wie unsere Wahrnehmung und das Bild, das wir von der Welt haben, entstehen. Wir lernen die Filter und Prozesse kennen, durch die visuelle und auditive Reize gehen, bevor wir diese zu unserem Bild über ‚die Anderen' wieder zusammensetzen.

Lassen Sie uns nun zu den Funktionsweisen unserer Wahrnehmung kommen. Die Kenntnis unserer eigenen Wahrnehmung ist für die Beobachtung und Analyse interkultureller Situationen neben der Kenntnis der eigenen Kultur eine weitere Grundvoraussetzung.

Es ist ein weit verbreiteter Trugschluss, dass wir Menschen die Welt um uns herum eins zu eins wahrnehmen und in unserer Vorstellung abbilden. Wahrnehmung ist viel mehr ein aktiver Prozess, in dem wir visuelle und auditive Stimuli empfangen, diese mit unseren Vorerfahrungen anreichern und ein neues eigenes Bild der Realität konstruieren: Unsere Wahrheit, unsere Sichtweise und unsere Perspektive. Unser Vorwissen und unsere Vorerfahrungen nehmen so Einfluss auf unser Denken und Handeln.

Um ein möglichst fehlerfreies und vollständigeres Bild von Menschen zu entwickeln, denen wir interkulturell begegnen, lohnt es sich deshalb einen Blick auf die Funktionsweise unserer Wahrnehmung zu werfen und die typischen Fehlerquellen zu besprechen.

4.1 Funktionsweisen unserer Wahrnehmung[1]

> Wahrnehmung ist Vervollständigung.

Nehmen Sie sich bitte etwas Zeit, um folgende Abbildung zu betrachten (Abb. 4.1). Was sehen Sie? Notieren Sie sich bitte alle Wörter, die Ihnen zu dieser Grafik einfallen:

Wenn Sie nun auf 6–8 Assoziationen zu unserer Grafik gekommen sind, vermute ich, dass der größte Teil Ihrer Wörter falsch ist. Ein Quadrat? Ein Kreis? Diagonale Linien? Oder gar ein Gartenzaun, ein Fadenkreuz oder ein Raster? All das befindet sich nicht in dieser grafischen Darstellung. Das einzige, was Sie objektiv über diese Grafik sagen können: „Ich sehe Striche." Natürlich können Sie auch Quadrate, Kreise und alles andere sehen. Diese anderen Beobachtungen sind aber nicht in unserer grafischen Darstellung, sondern in unserer Vorstellung und in unseren Vorerfahrungen zu finden.

Mit dieser kleinen Übung gelangen wir zur Erkenntnis, dass Wahrnehmung eben nicht nur eine Abbildung dessen ist, was sich objektiv wahrnehmen lässt, sondern vielmehr eine Ergänzung. Wir ergänzen unser Vorwissen, unsere Vorerfahrungen und ‚vervollständigen' so das Bild, das wir vor uns haben.

> Wahrnehmung ist Bedeutungskonstruktion.

---

[1]Roth, J. und Köck, C. (2011, S. 38, 39).

4 Wahrnehmung 31

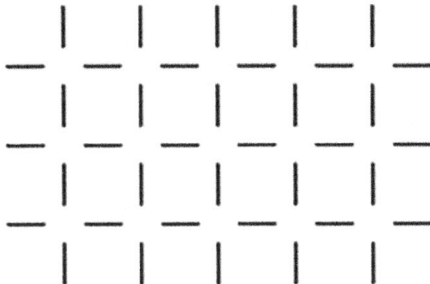

Abb. 4.1 Wahrnehmung ist Vervollständigung. (Quelle: eigene Darstellung)

Nehmen Sie sich bitte auch hier etwas Zeit, um folgende Abbildung zu betrachten (Abb. 4.2). Was sehen Sie? Notieren Sie sich bitte alle Wörter, die Ihnen einfallen:

Ähnliches kennen Sie vielleicht aus der Psychologie von den sogenannten „Rohrschachtests". Ähnlich, wie bei der Betrachtung eines abstrakten Bildes oder eines solchen Rohrschachtests, geht es uns mit dem Verhalten der Menschen in unserer direkten Umgebung. Wir haben ein Bedürfnis, deren Verhalten und die Geschehnisse in einen verstehbaren sozialen Zusammenhang zu bringen. Das gelingt uns in

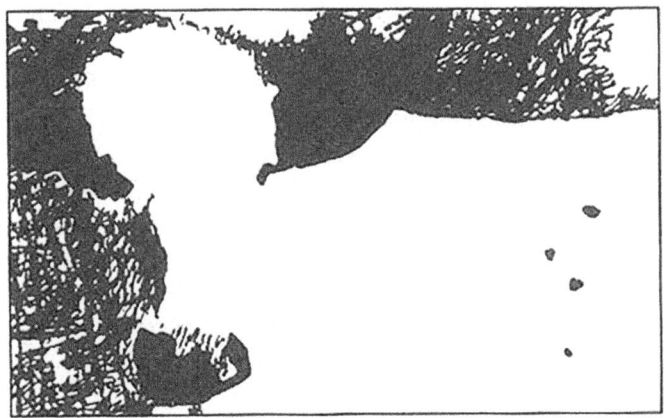

Abb. 4.2 Wahrnehmung ist Bedeutungskonstruktion. (Quelle: T. Ditzinger, Illusion des Sehens, 2006, Spektrum Akademischer Verlag, Heidelberg)

unserem Alltag in unserer gewohnten kulturellen Umgebung meistens recht gut. In einer fremd-kulturellen Umgebung oder in der Begegnung mit Menschen anderer kultureller Hintergründe gestaltet sich die Findung der richtigen Erklärungsmuster schwieriger.

> Wahrnehmung geschieht im Kontext.

> **Videotipp 1: „Hitchcock loves Bikinis"**[2]
> In dem Video, das auf allen gängigen Video-Plattformen zu finden ist, demonstriert Hitchcock den Kuleshow Effekt und zeigt damit, wie der Kontext die Wahrnehmung determiniert.

Ein weiteres Beispiel für diese Funktionsweise unserer Wahrnehmung findet sich in der Entwicklung der öffentlichen Meinung gegenüber Flüchtlingen in der Bundesrepublik und darüber hinaus in den Jahren 2015 bis 2017. Im August 2015 erschien in fast allen Tageszeitungen und Fernsehsendern ein Foto eines im Mittelmeer ertrunkenen 3-jährigen Jungen – Aylan Kurdi. Die öffentliche Wahrnehmung von Flüchtlingen in Deutschland und Europa war in den folgenden Monaten von Hilfsbereitschaft und einem noch nie da gewesenen Engagement in der Flüchtlingshilfe geprägt. Sogar die Berichterstattung deutscher Medien in diesen Monaten weist fast ausschließlich positive und sehr wenige kritische Artikel zum Thema auf. Die Wahrnehmung änderte sich aber völlig nach den sexuellen Belästigungen und Diebstählen der Kölner Silvesternacht 2016/17.

Ähnlich prägen unsere Vorerfahrungen, die aktuellen politischen Geschehnisse, die vorangegangenen Geschehnisse auf einer Veranstaltung unsere Wahrnehmung „der Anderen".

> Wahrnehmung ist selektiv.

---

[2] https://www.youtube.com/watch?v=hCAE0t6KwJY

4 Wahrnehmung

> **Drei weitere Videotipps**
> - Videotipp 2: „Selective Attention"[3]
> - Videotipp 3: „The Monkey Business Illusion" (für Fortgeschrittene und jene, die das erste Video bereits kennen)[4]
> - Videotipp 4: „Whodunnit" (für Fortgeschrittene mit einem sehr guten Hörverstehen im Britisch-Englisch)[5]

Die Selektivität unserer Wahrnehmung stellt wohl das bekannteste Phänomen dar. Wir kaufen bspw. ein bestimmtes Automodell in einer – wie wir denken – seltenen Farbe in der Erwartung, wohl fast nie einem gleichen Fahrzeug zu begegnen. Freilich werden wir gleich in den ersten Tagen genau diesem Modell in dieser Farbe begegnen, wie wir auch in den Wochen danach immer öfter dieses als selten geglaubte Automodell in exakt dieser Farbe sehen. Dieses Modell in dieser Farbe war uns vorher einfach nie aufgefallen.

Uns beiden fiel dieser Effekt – natürlich zu unseren jeweiligen Zeiten der Familiengründung – auf, als unsere Frauen mit dem jeweils ersten Kind schwanger waren und wir in der Innenstadt, im Supermarkt und öffentlichen Plätzen fast überall schwangere Frauen sahen.

> Unsere Wahrnehmung kann sehr gut bereits Bekanntes erfolgreich einordnen.

> **Videotipps**
> Videotipp 5: „Optical Illusion with Einstein mask"[6]

---

[3] https://www.youtube.com/watch?v=vJG698U2Mvo
[4] https://www.youtube.com/watch?v=IGQmdoK_ZfY
[5] https://www.youtube.com/watch?v=ubNF9QNEQLA
[6] https://www.youtube.com/watch?v=ORoTCBrCKIQ

Lassen Sie uns zu dem Bereich kommen, in dem unsere Wahrnehmung ausgezeichnet funktioniert: Im Einordnen von bereits Bekanntem. Eine der ersten Wahrnehmungen eines Säuglings sind Gesichter. Der Instinkt lässt den Säugling lächeln, sobald das Neugeborene zwei Punkte und einen Strich sieht.

Weniger gut hingegen sind wir darin, Dinge und Verhalten wahrzunehmen, deren Wahrnehmung wir nicht gewohnt sind. Als Individuen einer Kultur, die stark durch eine direkte Kommunikation geprägt ist, verlassen wir uns gerne auf das gesprochene Wort. Übersehen werden von uns aber gerne non-verbale Signale, das „zwischen-den-Zeilen-Gesagte" und der Kontext. Bereits die tendenziell indirektere Ausdrucksweise von Franzosen und Engländern stellt eine Herausforderung für Deutsche dar, während die Kommunikation mit Chinesen oder Japanern durchaus Überraschungen für uns bereithält.

Der Aufbau von Interkultureller Kompetenz bedeutet deshalb vor allem auch zu lernen, Dinge und Verhalten wahrzunehmen sowie Kontexte mit einzubeziehen, die wir nicht gewohnt sind, wahrzunehmen.

4.2 Attribution

Nachdem wir nun einige Funktionsweisen unserer Wahrnehmung – nicht nur – in interkulturellen Situationen kennen gelernt haben, kommen wir zum Prozess der Attribution. Attribution bedeutet im Sinne der Sozialpsychologie „Zuschreibung von Eigenschaften", in unserem Falle ganz besonders das Vermuten von Ursachen des Verhaltens und Handelns unserer Gegenüber, also eine sogenannte „Kausalattribuierung".[7]

Warum „attribuieren" wir, oder anders gefragt, warum schreiben wir Menschen bestimmte Eigenschaften und Verhalten bestimmte Ursachen zu? Es ist uns ein Bedürfnis, die Menschen und deren Verhalten in unserer direkten Umgebung, also die Ereignisse in einen sozial verstehbaren Kontext einzuordnen. Wie wir bereits bei den Übungen zu unseren Wahrnehmungsfunktionen sehen konnten, verleihen wir dem Verhalten

---

[7] Roth, J. und Köck, C. (2011, S. 41–43).

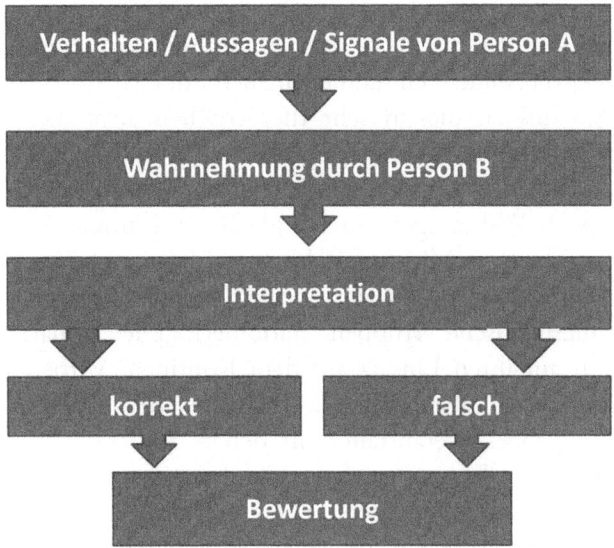

Abb. 4.3 Attibution. (Quelle: eigene Darstellung in Anlehnung an Roth, J. und Köck, C. 2011)

Anderer eine Bedeutung. Wir konstruieren sozusagen unsere eigene Realität. Dabei können wir hinter einen einmal gewonnenen Eindruck, eine einmal erfolgte Zuschreibung nicht mehr so leicht zurück.

Die Ursachenerklärung erfolgt als unbewusste Routine. Natürlich gelingt es uns nicht in allen Fällen, die Wirkfaktoren zu treffen und die Intention unseres Gegenübers richtig zu erfassen. Je mehr gemeinsames Hintergrundwissen vorhanden ist, je besser sich die kommunizierenden Personen kennen, desto wahrscheinlicher ist eine sogenannte „isomorphe Attribution". Die Wahrscheinlichkeit, dass es zu Missverständnissen kommt, ist in einer Situation, in der sich die Personen fremd sind also um ein Vielfaches höher.

Hinzu kommt, dass wir die Neigung haben, das Verhalten Anderer zu bewerten. Die nachfolgende Grafik beschreibt nur einen kleinen Ausschnitt eines Kommunikations- und Attributionsprozesses zwischen Person A und B (Abb. 4.3). Auf Basis der Attribution und Bewertung von Person B wird B auch wieder Signale an Person A zurücksenden.

Der Kommunikationsprozess ist also kreisförmig und dynamisch. Zudem verläuft ein Großteil unserer Kommunikation zum einen nonverbal, also körpersprachlich, und eben auch unbewusst.

Lassen Sie uns zu diesem sehr theoretischen aber auch wichtigen Thema ein praktisches Beispiel besprechen. Edward T. Hall war sozusagen der Pionier der Interkulturellen Forschung. Er diente als Soldat während des 2. Weltkrieges unter anderen in Europa. Durch offene Interviews beschrieb er Missverständnisse zwischen Kulturen.

Vor der Invasion der Alliierten in der Normandie wurden in England US-amerikanische Truppen stationiert. Die Soldaten wurden in Manövern auf ihren Einsatz auf dem Kontinent vorbereitet, mussten in ihrer Freizeit aber auch unterhalten werden. Vielfach wurden sogenannte „Dances" veranstaltet, in denen Soldaten auf die lokale Bevölkerung trafen. Es mag wenig verwundern, dass in dieser Zeit zahlreiche US-amerikanisch/englische Ehen entstanden. Edward T. Hall interviewte sowohl Soldaten, als auch die englischen jungen Frauen. Die wirkliche Überraschung waren die Erklärungen, die die frisch Verliebten abgaben. Die jeweilige eine Seite machte die andere Seite für das Zustandekommen der Liebesbeziehung verantwortlich. Während die englischen Damen meinten, ihr US-amerikanischer Partner wäre „schnell bei der Sache gewesen", sagten das eben auch die US-amerikanischen Soldaten über die Engländerinnen.

Dazu lohnt es sich, das kulturspezifische Paarungsverhalten Englands und der USA zu dieser Zeit anzusehen, also den Prozess vom Kennenlernen bis zu intimen Kontakten. Dabei durchlaufen beide Seiten in Etwa die gleichen 30 Schritte, nur die Reihenfolge ist unterschiedlich (Abb. 4.4). Während in den USA das Küssen als relativ harmlos galt und schon auf Stufe 5 erfolgen konnte, galt dies in England als sehr erotisch und war erst auf der viel späteren Stufe 26 – vielleicht nach einer Vorstellung bei den Eltern, einem formellen Heiratsantrag und Ähnlichem – akzeptabel. Indem nun ein US-amerikanischer Soldat einen unschuldigen Kuss versuchte, übersprang er viele Schritte und die Engländerin war vor die Wahl gestellt, die Beziehung entweder abzubrechen oder sich hinzugeben. Im letzteren Fall waren es dann die US-Amerikaner, die diese Hingabe im Frühstadium einer Beziehung vielleicht als „schamlos" empfanden und dadurch überrumpelt wurden. Es handelte sich also um eine

Kuss – Kuss – Beispiel nach Edward T. Hall

Viele unserer Handlungen im Alltag folgen einem bestimmten kulturell definierten Muster. So auch das Kennenlernen und Flirten von US-Amerikanischen Soldaten und Engländerinnen zur Zeit der Stationierung vor 1944.

US-Amerikanisches Handlungsmuster beim „Flirten" der 1940er:	Englisches Handlungsmuster beim „Flirten" der 1940er:
1. Anschauen	1. Blick erwidern
2. Lächeln	2. Lächeln
3. Kontaktaufnahme	3. Small Talk / Interesse
4. Gespräch / gemeinsames Lachen	4. Gespräch / gemeinsames Lachen
5. Kuss	5. ...
6. ...	...
... (Der US-Amerikaner „überspringt" viele Schritte im Flirting-Skript mit seinem Engländerin.)	20. Ohrfeige oder Verlobungskuss
...	...
26. Verlobung	26.

Abb. 4.4 Kuss-Kuss – US-amerikanisch und englisches Flirtverhalten während des 2. Weltkrieges nach Edward T. Hall. (Quelle: eigene Darstellung in Anlehnung an unveröffentlichte Schulungsunterlagen von Gesine Mahnke und Dr. Jürgen Wasella)

wechselseitige Fehlattribution. Wir müssen zusammenfassend festhalten, dass dieser und ähnliche Fälle und Konflikte nicht durch eine Person, sondern nur durch die wechselseitige Beziehung erklärt werden können.

Ein Bewusstwerden dieses Attributionsprozesses ist eine Voraussetzung für den Aufbau interkultureller Kompetenz. Um die vielfältigen unterschiedlichen kulturellen Verhaltensmuster präziser einordnen zu können, benötigen wir die Übung mit der sogenannten W-I-B-Formel. Die Ausführungen dazu finden Sie im Kapitel „Kommunikationsstrategien – Wahrnehmungspräzisierung".

4.3 Fehlerquellen und Wahrnehmungsfilter

Fundamentaler Attributionsfehler
Beim fundamentalen Attributionsfehler handelt es ich um die Neigung, Fremde oder „die Anderen" schlechter einzuschätzen, als sich selbst.

Um ein Beispiel aus dem Hochschulbereich zu konstruieren, können wir vielleicht über die Notenvergabe sprechen. Wenn Sie selbst eine überraschend schlechte Note für eine Leistung in einer Klausur erhalten, neigen Sie vielleicht dazu, äußere Ursachen für die schlechte Leistung zu bemühen. „Der Dozent hatte das Thema ganz anders eingegrenzt." Oder „Es war irgendwie kühl und zu laut im Klausurzimmer." Eher seltener sind wir selbstkritisch. Eine überraschend gute Leistung werden wir hingegen eher auf unsere guten Charaktereigenschaften, unser Talent und unser Können beziehen.

In der Beurteilung „Fremder" gehen wir oft spiegelbildlich vor. Ein Kommilitone, den wir vielleicht wenig kennen und der uns nicht unbedingt sympathisch ist, wird von uns tendenziell auch anders beurteilt. Angenommen, wir erfahren von dessen sehr guter Leistung in einer Klausur, neigen wir vielleicht dazu, die Begründung in den äußeren Faktoren zu suchen. „Er hatte Glück, dass er exakt die Inhalte gelernt hatte, die abgefragt wurden." oder „Auch ein blindes Huhn findet mal ein Korn." sind mögliche Begründungen, die wir für sein gutes Ergebnis finden. Eher selten werden wir davon ausgehen, dass der Grund für sein sehr gutes Ergebnis in seinen Charaktereigenschaften, seinem Talent oder seinem Können liegt.

Ein Bewusstsein für diese Neigung ist in der interkulturellen Begegnung von großer Bedeutung. Oft werden die guten Intentionen unserer Gegenüber schlicht übersehen oder unbewusst ignoriert. Lee Ross sprach 1977 als Erster vom sogenannten „fundamentalen Attributionsfehler".

Bestätigungsfehler
Der sogenannte Bestätigungsfehler spielt vor allem in der Gewichtung unserer Vorkenntnisse und Erfahrungen und bei unbewussten Stereotypen eine Rolle.

Wir neigen dazu, für unsere Eindrücke, Haltungen und Meinungen eher nach Bestätigung zu suchen, als diese systematisch zu hinterfragen. Der Bestätigungsfehler ist eine Ursache für die Langlebigkeit von stereotypischen Erzählungen.

Bernhard Shaw sagte, dass der einzige normale Mensch, den er kenne, sein Schneider sei. Nur er nehme jedes Mal neu Maß, wenn sie sich begegnen. Alle anderen verließen sich auf Vorerfahrungen und suchen nach deren Bestätigung.

Überkulturalisieren

Lassen Sie uns zunächst mit kleinen Anekdoten beginnen:

Auf der Baselworld – einer Schweizer Messe für Uhren und Schmuck – werden wie jedes Jahr auch zahlreiche internationale Besucher erwartet. Besonders aus dem arabischen und dem asiatischen Raum kommen viele Gäste. Eine Manufaktur für High-End-Armbanduhren präsentiert sich zum ersten Mal auf dieser Messe in der Hoffnung, in den kommenden Jahren ihr internationales Geschäft ausbauen zu können, um die sinkenden Verkaufszahlen in der Schweiz zu kompensieren. Das Personal des Messestandes besteht aus engagierten, freundlichen und routinierten Verkäufern, die jedoch international sehr wenige oder gar keine Erfahrungen haben. Folgende Situationen und Begegnungen ereignen sich:

Einige Damen mit arabischem Aussehen kommen zum Eingang der Messehalle herein und wenden sich dem Stand unseres Uhrenherstellers zu. Um gleich das Eis zu brechen und etwas Nettes zu sagen, wendet sich eine Verkäuferin an eine der Damen, grüßt sie und sagt auf Englisch: „Sie haben ein sehr schönes Kopftuch." Die Dame ist etwas überrascht und während sie das Tuch absetzt meint sie: „Nein, nein, das ist mein Schal. Es regnet draußen und ich wollte meine Haare schützen."

Als einige Zeit später ein Paar mit asiatischem Aussehen sich für die Auslagen interessieren, beginnt ein Small Talk mit einem der Verkäufer. Zu Beginn lobt der Verkäufer das exzellente Deutsch und fragt die Besucher, wo sie herkämen. Der Mann antwortet: „Oh, wir kommen aus Basel".

Eine dritte Situation ereignete sich beim Kundenempfang eines oberschwäbischen Herstellers für Baugeräte. An die Firmenführung und intensive Gespräche schließt das Unterhaltungsprogramm an. Die Gruppe, bestehend aus irakischen, indischen und pakistanischen Abnehmern besucht ein Restaurant der Event-Gastronomie. Mittelalterliches Essen im Ritterkeller soll als kulturelles Highlight einen historischen Blick auf Deutschland erlauben. Es wird gemeinsam gespeist und wie vom Mundschenk gefordert, bieten sich die Gäste gegenseitig Essen an, bis der Verkaufsleiter sich an einen indischen Kunden wendet, ihm Schinken anbietet, welchen dieser höflich ablehnt. Der Verkaufsleiter entschuldigt sich sofort mit den Worten: „Tut mir leid, ich vergaß, Sie dürfen ja kein Schweinefleisch essen", woraufhin der Inder sagt: „Nein, nein, ich bin Vegetarier."

Was haben nun diese drei Anekdoten gemeinsam? Sie alle beschreiben Situationen, in denen die Protagonisten als erste Erklärung für das Verhalten oder das Auftreten ihres Gegenübers dessen Kultur heranziehen. „Die Dame trägt ein Tuch über dem Kopf. Es muss ein Kopftuch sein." „Das Pärchen sieht asiatisch aus. Deshalb müssen Sie internationale Gäste sein." „Der Kunde isst keinen Schinken. Das muss eine religiöse Regel sein."

Diese drei zugegebenermaßen plakativen Beispiele zeigen eine weit verbreitete Neigung im Kontakt mit Menschen, die wir als fremd wahrnehmen: Als Ursache für deren Verhalten und Auftreten wird als erstes die Kultur des Gegenübers in Erwägung gezogen. Bei der Dame, die die Messehalle betrat, war es aber nicht deren Kultur, sondern der Regen, der sie einen Schal über die Frisur legen ließ: Eine situative Ursache. Die Ernährungspräferenz des indischen Kunden zeigt eine persönliche Ursache für dessen Ablehnung des Schinkens.

Deshalb schließen wir daraus folgende konkrete Empfehlung:

- Besser Fragen, als Vermuten
- Erwarten Sie Vielfalt, statt das Zutreffen stereotypischer Vermutungen

In der Ursachensuche für das Verhalten unserer Geschäftspartner empfiehlt sich die Reihenfolge der S-I-K-Formel:

1. Situative Gründe: Wie würde ich selbst in der gegebenen Situation handeln?
2. Individuelle/Persönliche Gründe: Welche individuellen Eigenschaften begünstigen das Verhalten unseres Gegenübers?
3. Kulturelle Ursachen: Gibt es mögliche kulturelle Gründe, die unserem Gegenüber die Orientierung zu diesem Verhalten nahelegt.

Gleichermaßen kann es Ihnen passieren, dass Sie in der internationalen Begegnung mit den Stereotypen konfrontiert werden, die Andere über Deutsche mit sich herumtragen. Lassen Sie mich Ihnen hierzu ein Beispiel geben:

> **Stereotypen über Deutsche im Iran**
>
> Im Iran ist der Handel und Konsum von Alkohol weitestgehend verboten. Die nationale Gesetzgebung entspricht hier den religiösen Gesetzen. Eine spannende Erfahrung auf einem Seminar für den Weltverband ÜFI war, dass diesen religiösen Regeln, bzw. der nationalen Gesetzgebung von unseren Gastgebern offensichtlich weniger Beachtung geschenkt wurde, als dem kulturellen Imperativ der Gastfreundschaft. Unsere Betreuer schmuggelten in schwarze Müllsäcke eingewickelte Heinecken-Dosen in unser Hotel, übergaben uns das Bier möglichst unauffällig und baten uns, die Dosen außerhalb unseres Zimmers zu entsorgen. „Selbstverständlich trinken Deutsche Bier", müssen unsere Gastgeber gedacht haben, als sie die Bierdosen auf dem Schwarzmarkt erstanden. Ich trinke in Deutschland fast nie Bier. Im Iran trank ich Bier. Ein Ausschlagen dieses großzügigen Angebots hätte eine Beleidigung unserer Gastgeber dargestellt.

4.4 Stereotypen[8]

Das bringt uns zum Thema der Stereotypen, die als Wahrnehmungsfilter unseren interkulturellen Begegnungen schaden können.

Auf der affektiven Ebene helfen uns Stereotypen, unsere positive Selbstwahrnehmung aufrecht zu erhalten und lassen uns eher den Anderen schlechte Eigenschaften zuschreiben. Auf der sozialen Ebene handelt es sich vor allem um eine Grenzziehung zwischen Gruppen. Auf der kognitiven Ebene helfen uns Stereotypen, die Komplexität der zu jeder Sekunde auf uns einwirkenden Realität zu reduzieren. Wir brauchen diesen Mechanismus, der Stereotypen hervorbringt in unserem Alltagsleben. Dieser Mechanismus hilft uns, die komplexe Realität zu vereinfachen, um schnelle Entscheidungen zu treffen.

Hätten wir diese Stereotypen nicht, würde uns bspw. in einem Krankenhaus die Unterscheidung von Pflegepersonal, Ärzten und Patienten unter Umständen schwerfallen. Das Tragen von Hausschuhen, eines Morgenmantels und ein langsamer Gang lassen uns den Patienten erkennen. Ein weißer Kittel und ein Stethoskop um den Hals,

---

[8]Roth, J. und Köck, C. (2011, S. 43–48).

lassen uns die Ärztin erkennen und schnelle Bewegungen und weiße Kleidung weist auf das Pflegepersonal hin. Wir erkennen also über Stereotypen vor allem die Gruppe, zu der eine andere Person vermeintlich gehört: Patienten, Ärzte, Pfleger.

Das Individuum bleibt außen vor und genau darin liegt die Gefahr. Lassen Sie mich hier den Poetry Slammer Masud Akbarzadeh zitieren, der als Sohn iranischer Eltern in Deutschland genau mit diesem Phänomen häufig konfrontiert wird:

„Wer den Hintergrund eines Menschen in den Vordergrund stellt, sieht den Menschen nicht mehr."[9]

Nachdem wir alle Stereotypen haben und brauchen, kann es also nicht darum gehen, zu versuchen, diese Stereotypen in einem Anfall überambitionierter politischer Korrektheit los zu werden. Es geht darum, die Stereotypen zu kennen, um deren Filterwirkung zu reflektieren und zu kontrollieren. Wir unterscheiden folgende Arten:

Heterostereotypen
Lassen Sie uns mit einer kleinen Übung beginnen. Lesen Sie die folgenden Eigenschaften und versuchen Sie zu erraten, um welche Nationalität es sich handelt:

1. Verhält sich sehr kontrolliert, schätzt Höflichkeit, wie auch das ordentliche Anstellen in einer Schlange, verhält sich zurückhaltend und ruhig, bewahrt die Distanz zu anderen, ist wenig direkt, spielt Fußball, trägt oft einen Regenschirm bei sich und trinkt Schwarztee.
2. Ordentlich, schätzt Pünktlichkeit, arbeitet viel und hart, schätzt Experten, mag die Sparsamkeit, ist langweilig, berechenbar, trinkt Bier.
3. Gestikuliert expressiv, spricht laut, religiös, hat großen Respekt vor älteren Menschen, übt Rache, mag die Tradition und die Mama, trinkt Espresso.

---

[9]https://youtu.be/un-QJEwn8zw Zugegriffen am 22. Mai 2019.

Völkertafel, Steiermark 1725 (Bild wurde dem Original nachempfunden)

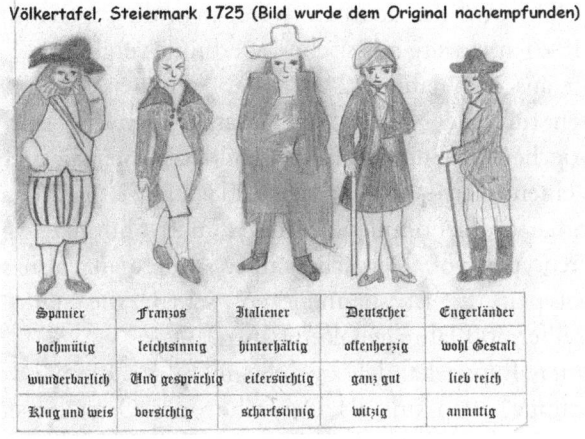

Spanier	Franzos	Italiener	Deutscher	Engerländer
hochmütig	leichtsinnig	hinterhältig	offenherzig	wohl Gestalt
wunderbarlich	Und gesprächig	eifersüchtig	ganz gut	lieb reich
Klug und weis	vorsichtig	scharfsinnig	witzig	anmutig

Abb. 4.5 Völkertafel. (Grafik: Anne Witzenleiter in Anlehnung an „Völkertafel" Wikipedia)

Lassen Sie mich raten! Spätestens beim vorletzten Wort wussten Sie, dass es sich um einen 1) Engländer, einen 2) Deutschen und einen 3) Italiener handeln muss. Warum funktioniert das? Es funktioniert, weil wir alle ein ‚scheinbares Wissen' teilen, ein stereotypisches ‚Wissen'.

Bei Stereotypen handelt es sich um starke Verallgemeinerungen, Vereinfachungen und Pauschalisierungen, die von vielen Mitgliedern einer Kultur geteilt werden und oft über lange Zeiträume wenigen oder gar keinen Veränderungen unterliegen (Abb. 4.5).

Videotipp 6

„Smart Shorttakes" 2008 mit Carsten van Ryssen[10]

---

[10] https://www.youtube.com/watch?v=jqWkcHCEIyg

Besonders schön wird das deutlich, wenn man die sogenannte „Völkertafel" von 1725 mit zeitgenössischer Werbung vergleicht. Die Völkertafel stammt aus dem Jahr 1725 aus der Steiermark und definiert 27 Eigenschaften für jede Nationalität. Interessanterweise sind hier Türken und Griechen in einer Spalte abgebildet. Sehen Sie sich nach der Völkertafel einen Werbespot an, der 2008 zum 10-jährigen Jubiläum des Autos Smart aufgenommen wurde. „Smart Shortakes" greift darin gängige Stereotypen von Deutschen über Andere auf, also sogenannte Heterostereotypen. Es ist spannend zu sehen, wie stark sich diese Stereotypen über 300 Jahre gehalten haben.

Bei Autostereotypen handelt es sich um Bilder, die wir von unserer eigenen „Gruppe", von uns als Deutsche oder Österreicher, von uns als Hamburger oder Wiener, als Bayern oder Sachsen haben. Autostereotypen beschreiben das Eigene in zumeist positiver Form und dienen natürlich einer positiven Selbstwahrnehmung. Wie auch beim psychischen Phänomen der Aggressionsverschiebung, versuchen wir unbewusst durch positive Stereotypen, uns selbst als besser und die Anderen tendenziell eher als negativ wahrzunehmen. Bei einer starken Tendenz ins Negative, bei Abwertungen und groben Vereinfachungen sprechen wir von Vorurteilen.

Stereotypen sind keine eigenen Erkenntnisse. Wir kennen Stereotype über Filme, Werbungen und Witze. Wenn wir eigene Erfahrungen zu diesen Stereotypen machen, dann handelt es sich normalerweise um eine Bestätigung dessen, was wir ohnehin schon glauben. Man spricht hier vom sogenannten Bestätigungsfehler (s. weiter oben).

Selbstverständlich haben auch Menschen anderer Kulturräume Stereotypen über ‚die Deutschen'. So gelten Deutsche in China als Menschen mit langen Nasen, Männer hätten einen Bierbauch und sähen aus wie im 7. Monat schwanger, Deutsche lägen gerne nackt in Parks und Aids/HIV käme aus Deutschland.[11]

Dieses Aids/HIV-Stereotyp gab es in den 1980/90er-Jahren auch in Deutschland, als man davon ausging, die Immunschwäche-Krankheit müsse aus Afrika kommen, was auf die in europäischen Augen

---

[11]Fülling, O. (2014).

‚schlechte' Sexualmoral zurückzuführen sei. Heute ist dieses Vorurteil wieder präsent mit dem Hinweis auf die ‚sonderbare' Toleranz gegenüber der LGBT-Community. (Lesbian, Gay, Bisexual, Transsexual).

Lassen Sie uns noch kurz auf indische Stereotypen gegenüber Deutschen zu sprechen kommen. Deutsche gelten auch in Indien als fleißig, genau und pünktlich. Deutschland sei das ‚Land der Ingenieure', hätte eine stabile Wirtschaft und gute Autos. Die Deutschen seien aber auch sexbesessen und moralisch korrupt, und Hitler sei ein guter Mann.[12]

Das Stereotyp der Sexbesessenheit lässt sich aus der unterschiedlichen Sexualmoral erklären. In Indien gelten sexuelle Kontakte vor der Ehe immer noch als verwerflich. Das „Hitler-Stereotyp" ist mit einer Sozialisation im Geschichtsunterricht einer deutschen Schule nicht zu akzeptieren. Wir wissen um die Singularität des Holocausts und die Schrecken, die der 2. Weltkrieg über ganz Europa und darüber hinaus brachte. Aus einer wenig gebildeten indischen Perspektive wird Hitler als der Mann gesehen, der gegen England – dem Kolonialherren und Unterwerfer Indiens – Krieg führte, wonach Indien unabhängig wurde.

Seien Sie in interkulturellen Begegnungen also nicht nur auf der Hut vor eigenen stereotypischen Denkweisen und Zuschreibungen. Auch die Stereotypen, die Andere über uns haben, sind dazu geeignet, uns negativ zu überraschen und können dem Verlauf einer interkulturellen Begegnung schaden.

4.5   Die eigene Kultur als Stolperstein

Wie weiter oben ausgeführt, halten wir die Art und Weise, wie wir und die Menschen in unserem sozialen Umfeld uns verhalten für natürlich. Erst in der interkulturellen Begegnung wird uns bewusst, dass dieses Verhalten nicht ‚natürlich', sondern vielmehr ‚kultürlich' ist. Unsere eigenen Erwartungen und unsere eigene Kultur werden also zum Stolperstein unserer Wahrnehmung.

---

[12]Krack, R. (2016).

Alles andere wird zunächst als Abweichung gesehen. Wird das Eigene konsequent als normal und alles andere als unnormal und als abweichend definiert, wird diese Abweichung negativ und gar als unnormal gesehen, sprechen wir von einer hart ethnozentrischen Sichtweise[13].

Auch das Gegenteil bringt uns nicht weiter: Die Abwertung der eigenen Kultur und die Begeisterung für die Anderen. Die Folge einer solchen Einstellung ist oft eine Überbemühung um Anpassung an die Anderen. Wir sprechen hier von einer negativ ethnozentrischen Sichtweise.

Von einer heimlich ethnozentrischen Sichtweise wird ausgegangen, wenn Menschen zwar mit einer generellen Toleranz und Weltoffenheit an interkulturelle Begegnungen herangehen, in der Interaktion dann aber unvorbereitet von der Erfolglosigkeit der eigenen Handlungsroutinen überrascht werden oder deren Erwartungen an das Verhalten der fremdkulturellen Gegenüber enttäuscht wird.

Nachdem wir unsere kulturelle Prägung durch unsere Erziehung, unser Aufwachsen und unsere Erfahrungen erhalten haben, lässt sich dieser Ethnozentrismus weder abschalten noch ausblenden. Die Entwicklung eines neuen, eines reflektierten Ethnozentrismus ist deshalb das Ziel eines jeden interkulturellen Lernens und Trainings. Irritationen und Fremdheitserfahrungen werden idealerweise kontrolliert wahrgenommen und reflektiert, Abwertungen werden vermieden oder kontrolliert wahrgenommen und die eigenen Reaktionen werden in Selbstreflexion hinterfragt. Dadurch haben wir die Gelegenheit, unsere eigene kulturelle Normalität und die unserer Gegenüber kennen zu lernen.

Ihr Transfer in die Praxis
- Wir nehmen mit unserer eigenen Kulturbrille wahr.
- Meist sind wir uns unserer Kultur und unserer kulturellen Erklärungsmuster wenig bewusst.
- Reflektieren Sie Erlebtes in Bezug auf Ihre eigenen Vorstellungen von Normalität.

---

[13]Roth, J. und Köck, C. (2011, S. 50–52).

Literatur

Fülling, O. (2014). *China – der Osten mit Beijing*. München: Reise Know-How.
Hall, T. (1966). *The hidden dimension*. New York: Garden City.
Krack, R. (2016). *KulturSchock Indien*. München: Reise Know-How.
Roth, J., & Köck, C. (2011). *Interkulturelle Kompetenz – Xpert Culture Communication Skills* (S. 13–18). München: Bayrischer Volkshochschulverband e. V.

5

Kommunikation

> **Was Sie aus diesem Kapitel mitnehmen**
>
> Ähnlich, wie ein Handwerker, seinen Werkzeugkasten und die darin befindlichen Werkzeuge gut kennen und anwenden können sollte, müssen wir – die wir mit Sprache arbeiten – unsere Mittel kennen. Wir lernen auf den nachfolgenden Seiten die Grundbegriffe der Kommunikation kennen. In der Praxis werden wir durch diese Kenntnis eine größere Sensibilität für die Kommunikationssignale unserer Gegenüber entwickeln und selbst bewusster und zielgerichteter kommunizieren.

5.1 Sender und Empfänger – Kodieren und Dekodieren

Lassen Sie uns zunächst über die Grundlagen menschlicher Kommunikation sprechen. Wenn eine Botschaft von Person A zu Person B bewusst gesendet wird, findet Person A für ihre Nachricht bestimmte Wörter, eine Satzstruktur, eine Betonung, Sprechpausen und eine Lautstärke. Person A kodiert sozusagen ihre Nachricht. Person B empfängt dieses „Paket" und muss es sozusagen erst „auspacken" (Abb. 5.1). Das Dekodieren erfolgt auf Basis der Vorkenntnisse, Erfahrungen und der kulturellen

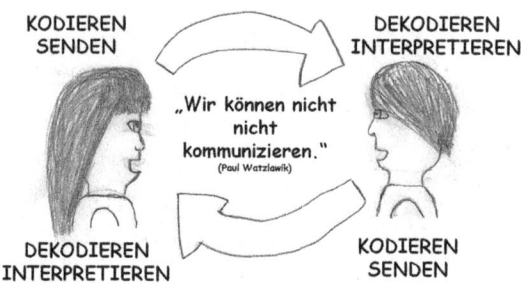

Abb. 5.1 Kommunikation. (Grafik: Junia Witzenleiter – in Anlehnung an Roth J. und Köck C. 2011)

Wahrnehmungsmuster von Person B. Bei der Antwort passiert das Gleiche in umgekehrter Richtung. Es handelt sich also um einen kreisförmigen und dynamischen Prozess. Große Anteile dieses Prozesses sind unbewusst, nachdem Kommunikation nicht nur den Vorgang des Sprechens bezeichnet, sondern insgesamt einen „Austausch von Symbolen". Auch körpersprachliche Informationen, Haltung, Mimik und Gestik, aber auch Kleidung und der umgebende Kontext spielen bei Kommunikation eine Rolle. Eine Absicht zu kommunizieren ist keine Voraussetzung für das Stattfinden von Kommunikation, vielmehr können wir nicht nicht kommunizieren.[1]

5.2 Der 4-ohrige Zuhörer nach Friedemann Schulz von Thun

Der Hamburger Kommunikationspsychologe Friedemann Schulz von Thun spricht von mindestens 4 Ebenen der Kommunikation.[2]

---

[1] Roth, J. und Köck, C. (2011, S. 94, 95).
[2] Schulz von Thun, F. (1981, S. 13 ff.).

1. Informationsebene
2. Beziehungsebene
3. Selbstkundgabe
4. Aktionsapell

Ergänzend müssen wir anmerken, dass es nicht nur einen 4-ohrigen Zuhörer gibt, sondern auch einen „4-zungigen" Sprecher. Lassen Sie uns auch hierfür ein kurzes Beispiel aus der Live-Kommunikation anführen:

Der PR-Abteilungsleiter eines Automobilzulieferers ist mit einer dualen Studentin auf dem Weg durch die Messehallen zum eigenen Messestand. Am Stand eines Mitbewerbers vorbeigehend sagt er zu ihr: „Der Stand unseres Konkurrenten ist exzellent ausgeleuchtet."

1. Zunächst handelt es sich hierbei um die reine Information zur Ausleuchtung eines Messestandes eines Mitbewerbers.
2. Auf der Beziehungsebene sendet der Abteilungsleiter vielleicht das Signal aus, dass er der erfahrenere Mitarbeiter mit der größeren Expertise ist.
3. Vielleicht möchte er deshalb seinen analytischen Blick gerne der in Ausbildung befindlichen dualen Studentin mitteilen und ihre Aufmerksamkeit auf ein Detail lenken.
4. Der eventuell intendierte oder verstandene Aktionsapell in der Botschaft könnte eine Initiative zu einer eigenen besseren Ausleuchtung bei der Planung des nächsten Messeauftritts sein.

Das sehr bekannte Beispiel aus dem Buch „Miteinander reden" von Schulz von Thun spricht von einer Autofahrt, bei der sie fährt und er sich auf dem Beifahrersitz befindet. Er sagt: „Die Ampel ist grün." Was sagt er damit? Welche vier Ebenen hat seine Botschaft? Dieses Beispiel sei erwähnt, um Ihnen die Möglichkeit zu einer weiteren Übung zu diesem Kommunikationsmodell zu geben.

5.3 Die 5 Axiome nach Paul Watzlawick[3]

1. *„Man kann nicht nicht kommunizieren."* Nachdem dieses Axiom bereits in den Grundlagen beschrieben wurde, sei hier nur nochmals betont, dass 1) das Gros der Kommunikation unbewusst erfolgt und dass 2) eine Absicht zu kommunizieren keine Grundvoraussetzung darstellt.
2. *„Jede Kommunikation hat einen Inhaltsaspekt, der durch den Beziehungsaspekt bestimmt wird."* Konkret bedeutet dies, dass die Beziehung immer auf den Inhalt der Botschaft wirkt. Ist die Beziehung gestört oder bspw. von Misstrauen geprägt, wird eine Botschaft wahrscheinlich auch nicht neutral verstanden werden können.
3. *„Kommunikation ist digital und analog."* Entgegen dem zeitgenössischen Verständnis der Wörter „digital" und „analog", meinte Watzlawick mit „digital" den Informationsaspekt – also, was mit Wort und Schrift ausgedrückt wird – und mit „analog" den Beziehungsaspekt – also Körpersprache, Mimik und Gestik – einer Botschaft.
4. *„Kommunikation ist immer Reiz und Reaktion"*… und beides stellt einen kreisförmigen und dynamischen Prozess dar. Die Reaktion auf einen Reiz ist gleichzeitig ein Reiz, der eine weitere Reaktion auslösen wird.
5. *„Kommunikation ist komplementär oder symmetrisch."* Komplementäre Kommunikation bezeichnet einen Kommunikationsprozess, in dem ein Kommunikationspartner übergeordnet ist, also mehr spricht, wie z. B. die Ärztin mit dem Patienten, der Lehrer mit der Schülerin oder der Vater mit der Tochter. Bei einer symmetrischen Kommunikation sind die Kommunikationspartner gleichrangig, also auf Augenhöhe. Idealerweise ist das die Form der Kommunikation mit ihren ausländischen Messebesuchern und Geschäftspartnern. Beide bestimmten und lenken das Gespräch in gleichem Maße, keiner ist übergeordnet.

---

[3]https://www.paulwatzlawick.de/axiome.html Zugegriffen am 22. Mai 2019.

5.4 Werte- und Entwicklungsquadrat[4]

Das Werte- und Entwicklungsquadrat – ebenfalls ein Modell von Friedemann Schulz von Thun – stattet uns mit einem Instrument aus, das das Potential hat, unsere zwischenmenschlichen Beziehungen generell positiv zu gestalten und positive Entwicklungen zu forcieren (Abb. 5.2).

Wir gehen davon aus, dass Menschen sich früher oder später immer als unterschiedlich wahrnehmen werden. In einer positiven gegenseitigen Wahrnehmung, wird Person A Person B als sehr wirtschaftlich und sparsam erleben. Person B erlebt Person A dagegen als großzügig. Diese positive gegenseitige Wahrnehmung der Unterschiede hat aber auch eine negative Variante. So erlebt Person A Person B womöglich als geizig, und Person B erlebt Person A womöglich als verschwenderisch.

Auf der oberen Ebene finden wir die selbstverständlich positive Selbstwahrnehmung und/oder die positive Fremdwahrnehmung. Auf der unteren Ebene finden wir die gegenseitige negative Wahrnehmung, die sich

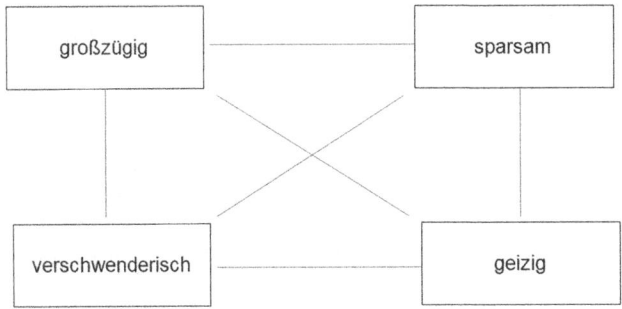

Abb. 5.2 Werte- und Entwicklungsquadrat. (Quelle: eigene Darstellung in Anlehnung an Schulz von Thun F. Kumbier D. 2006)

---

[4]Schulz von Thun, F. und Kumbier, D. (2006, S. 15 ff.).

tendenziell aufgrund der gegenseitigen Wahrnehmung als „fremd" oder aufgrund eines Konflikts einstellt. Die Abwertung der anderen Seite, fehlender Respekt und Anschuldigungen können die Folge sein.

Jeder positive Wert hat auch einen negativen Gegenwert. Die bewusste Umkehrung negativer Werte in Positive, die Wertschätzung einer Eigenschaft unseres Gegenübers und die Akzeptanz und Integration von Vielfalt sind hier die Grundlagen für interpersonelles und interkulturelles Lernen. Beachten Sie hierzu bitte auch die Ausführungen in „Eigene Kultur – Fremdheitserfahrungen" (s. Abb. 3.1), die Techniken zeigen, wie Fremdheit überwunden werden kann.

5.5 Das Innere Team[5]

Die Methode des „Inneren Teams" möchten wir vor allem jenen Kolleginnen und Kollegen raten, die als Expatriates im Ausland leben oder innerhalb des eigenen Landes intensive interkulturelle Kontakte pflegen.

Beim Inneren Team wird zur Klärung von komplexen Fragen zur Beziehung zu einem Geschäftspartner von verschiedenen Teammitgliedern innerhalb der eigenen Person ausgegangen (Abb. 5.3). Diese Methode teilt die verschiedenen und teilweise ambivalenten Haltungen unterschiedlichen fiktiven Personen, bzw. Teammitgliedern zu.So könnten die komplizierten Preisverhandlungen mit einem chinesischen Auftraggeber vielleicht folgendermaßen reflektiert werden:

- Der Betriebswirt mit gespitztem Bleistift: „Ich kann nicht zu diesem Preis abschließen, weil wir weit unter unserer Marge verkaufen würden und kaum unsere Kosten decken."
- Der Weitsichtige: „Beziehungen zu chinesischen Firmen sind oft langfristig orientiert. Wenn wir preislich nachgeben, können viele weitere Abschlüsse folgen."

---

[5]Schulz von Thun, F. und Kumbier, D. (2006, S. 18 ff.).

5 Kommunikation

Abb. 5.3 Das Innere Team. (Grafik: Junia Witzenleiter – in Anlehnung an Schulz von Thun, F. und Kumbier, D. 2006)

- Der Vorsichtige: „Mit diesem Geschäft ist auch ein Transfer von Know-how verbunden. Wenn ich das Geschäft jetzt abschließe, wird die chinesische Seite unser Geschäftsmodell kopieren und es das nächste Mal selber machen."
- Der Erfolgsorientierte: „Wir brauchen diesen Abschluss für ein möglichst gutes Gesamtergebnis in diesem Jahr."

(…)

> **Ihr Transfer in die Praxis**
> - Machen Sie sich den Prozess der „Kodierens und Dekodierens" in der Kommunikation bewusst und versuchen Sie so, Ihre Kommunikation zu verbessern.
> - Botschaften können auf mindestens vier unterschiedlichen Ebenen verstanden werden. Klären Sie durch Rückfragen und Rückformulierungen die Intentionen Ihrer Gesprächspartner.
> - Achten Sie in der Kommunikation auf mehr als nur das gesprochene und geschriebene Wort. Auch Körpersprache, Kontext und sogar Kleidung zählen zu Signalen, die interpretiert werden.
> - Nutzen Sie das Werte- und Entwicklungsquadrat um Vielfalt zu begrüßen und aktiv von Anderen zu lernen.
> - Klären Sie schwierige Situationen über die Methode des Inneren Teams.

Literatur

Roth, J., & Köck, C. (2011). *Interkulturelle Kompetenz – Xpert Culture Communication Skills* (S. 13–18). München: Bayrischer Volkshoch-schulverband e.V.

Schulz von Thun, F. (1981) Miteinander Reden 1. Reinbeck bei Hamburg. https://www.paulwatzlawick.de/axiome.html. Zugegriffen: 22. Mai 2019.

Schulz von Thun, F., & Kumbier, D. (2006). *Interkulturelle Kommunikation: Methoden, Modelle*. Reinbeck bei Hamburg: Beispiele.

6
Kommunikationsstrategien

> **Was Sie aus diesem Kapitel mitnehmen**
> Während die letzten Seiten primär der Bewusstwerdung von Strukturen der Kommunikation dienten, werden Sie auf den folgenden Seiten konkrete Strategien und Tipps kennen lernen, wie Sie Begegnungen und Gespräche erfolgreich gestalten können.

Nachdem wir die Funktionen unserer Wahrnehmung, mögliche Fehlerquellen und die Grundlagen von Kommunikation kennen gelernt hatten, haben wir mit dem Werte- und Entwicklungsquadrat, dem Umgang mit Fremdheit und dem Inneren Team erste Instrumente kennen gelernt, wie wir Distanz reduzieren können und an einer positiven und wertschätzenden Geschäftsbeziehung arbeiten können.

Wir wissen, dass zum Funktionieren von Kommunikation ein gemeinsames Hintergrundwissen notwendig und förderlich ist und dass die Suche nach Gemeinsamkeiten hilft, Gegensätze zu überbrücken. Doch welche konkreten Strategien der Kommunikation sind über das Führen eines gewöhnlichen Small Talks hinaus besonders dazu geeignet (?):

6.1 Fragetechnik

Dabei ist die Art und Weise, wie wir Fragen stellen, oft schon entscheidend. Wer bereits mit wortkargen Menschen gesprochen hat, versucht hat mit einem Teenager ein Gespräch zu beginnen und die Erfahrung machte, dass das Gespräch einfach nicht in Gang kommen wollte, weiß jetzt vielleicht, dass unsere Fragetechnik eine ganz entscheidende Rolle spielen kann. Indem wir nämlich offene oder geschlossene Fragen stellen, nehmen wir Einfluss auf den Umfang und die Länge der Antworten unseres Gegenübers.

Nutzen wir vornehmlich sogenannte Verb-Fragen, also „Gefällt Ihnen die Konferenz?" oder „Haben Sie den Veranstaltungsort gut gefunden?", werden wir vermutlich eher kurze Antworten bekommen, wie bspw. ein „Gut, danke.". Nutzen wir hingegen offene Fragen, also „Was gefällt Ihnen besonders gut?" oder „Wie sind Sie denn angereist?", werden wir ausführlichere Antworten bekommen und eher in eine Konversation führen können.

6.2 Echotechnik

Auch die „Echotechnik" stellt ein nützliches Instrument dar, wenn wir ein Gespräch forcieren und mehr von unseren potenziellen Geschäftspartnern und Kunden wissen wollen. Die Technik ist einfach zu erlernen und anzuwenden und besteht eigentlich nur aus der fragenden Wiederholung eines Wortes aus dem letzten Satz Ihres Gegenübers:

- „Wir sind mit dem Zug angereist."
- „…mit dem Zug?"
- „Ja, der ICE von Hamburg fährt auch …."

6.3 Finden von „Hot Buttons" und Gemeinsamkeiten

Besonders nützlich ist die Echotechnik auch beim Aufspüren sogenannter „Hot Buttons" mit denen wir nach Gemeinsamkeiten suchen. „Ah, Sie fahren auch lieber mit öffentlichen Verkehrsmitteln?" oder „Sie sind also auch im Hotel Seeblick untergekommen."

6.4 Aufbau von gemeinsamem Hintergrundwissen

Der Aufbau von gemeinsamem Hintergrundwissen ist die Voraussetzung für das Funktionieren von Kommunikation, den Aufbau von Geschäftsbeziehungen und die Grundlage für eine erfolgreiche Kooperation.

6.5 Empathie durch Spiegeln des Gegenübers

Während wir bisher hauptsächlich über verbale Kommunikationsstrategien gesprochen haben, möchte ich Ihre Aufmerksamkeit nun auch auf paralinguistische und körpersprachliche Kommunikation lenken.

Mit Empathie zeigen wir, wie gut wir uns in eine andere Person einfühlen können. Wir signalisieren Verständnis, bestätigen die Eindrücke unseres Gegenübers und versetzen uns in dessen Situation und Perspektive. Kurzum, wir zeigen sprachliche und körpersprachliche Kongruenz. Selbstverständlich funktioniert Empathie über sprachliche Mittel, wie Wiederholungen des Gesagten durch Paraphrasieren oder über Nachfragen, aber eben auch besonders über sogenannte paralinguistische Mittel. Damit sind Signale gemeint, die Sie vermutlich nicht in Wörterbüchern finden, wie ein „Aaah" für Überraschung oder ein „Wow!" für Bewunderung. Diese paralinguistischen Mittel spielen eine signifikante

Rolle für die positive Gestaltung eines Gesprächs und werden nur selten in Rhetorikkursen oder im Fremdsprachenunterricht trainiert.

Körpersprachlich signalisieren wir Empathie durch eine Spiegelung des Gegenübers, was heißt, dass wir eine ähnliche Haltung einnehmen. Vor allem aber drückt sich Empathie im Gespräch über unsere Mimik aus, mit der wir Überraschung, Bedauern, Interesse oder Freude ausdrücken.

6.6 Wahrnehmungspräzisierung

Wie wir in den Kapiteln über „Wahrnehmung" und „Attribution" sehen konnten, ist unsere Wahrnehmung sehr stark kulturell geprägt. In den Worten von Anais Nin können wir sagen, „Wir sehen die Welt nicht so, wie sie ist, sondern wie wir sind." Ferner konnten wir sehen, dass unsere Wahrnehmung keine Abbildung der Außenwelt in unserer Vorstellung ist, sondern vielmehr ein Prozess, in dem wir durch unser Vorwissen vervollständigen, in dem wir eine Bedeutung konstruieren und der durch den Kontext stark beeinflusst wird. Wie können wir nun unsere Wahrnehmung so präzisieren, dass wir in interkulturellen Situationen zu einem besseren und zutreffenderen Bild vom Verhalten und der Person unseres Gegenübers kommen?

In Trainings arbeiten wir hier gerne mit der sogenannten W-I-B-Formel (Wahrnehmen, Interpretieren, Bewerten). Vielleicht möchten Sie, um diese Methode zu erlernen, zuerst ein beliebiges Bild betrachten und sich dazu 10 Wörter notieren:

Tragen Sie nun Ihre Wörter in folgende Tabelle ein und seien dabei sehr streng zu sich selbst Tab. 6.1. Welche der Wörter sind Beschreibungen und enthalten keinerlei Vermutung und überhaupt keine Bewertung? Mit welchen Ihrer Wörter interpretieren Sie das Gesehene? Interpretationen finden Sie, indem Sie sich überlegen, ob Ihre erste Sicht auf das Bild vielleicht auch ganz anders aussehen könnte. Bewertungen sind alle Wörter, die dem Beschriebenen einen positiven oder negativen Wert geben, also Adjektive, aber auch Nomen mit positiver oder negativer Konnotation.

Wenn Ihr Ergebnis nun ähnlich dem Ergebnis ist, das wir oft in Seminaren haben, dann sind die meisten Wörter im Bereich von

Tab. 6.1 W-I-B-Formel

Wahrnehmen	Interpretieren	Bewerten

Interpretation und Bewertung. Rein beschreibende Wörter hingegen finden sich eher selten in unserer Wahrnehmung. Diese Übung ist für Gewöhnlich sehr gut dazu geeignet, unseren Attributionsprozess bewusst zu machen und damit zu zeigen, dass wir eben nicht neutral wahrnehmen, sondern im Gegenteil sehr viel interpretieren und auch bewerten. Abhängig von dem, wie Sie Ihre Gegenüber verstehen und einschätzen, senden Sie in der Kommunikation unbewusst und bewusst Signale zurück und beeinflussen das Gespräch damit in einer negativen oder positiven Weise. In unseren Anstrengungen eine persönliche interkulturelle Kompetenz aufzubauen, sollten wir also regelmäßig unsere Interpretationen infrage stellen, Bewertungen vermeiden und potenzielle Abwertungen bewusst wahrnehmen.

6.7 Indirekte Kommunikation

Nachdem wir uns hier dem Thema der Interkulturellen Kompetenz von deutscher Seite aus nähern und die Bewusstwerdung der eigenen Kultur eine Voraussetzung darstellt, sollten wir zunächst einen Blick auf einen besonderen Aspekt des deutschen – und im Übrigen auch des niederländischen – Kommunikationsverhaltens werfen: Die starke Tendenz zu direkter Kommunikation.

Dafür lohnt es sich, den Umgang mit negativen Antworten kulturvergleichend zu betrachten. Wenn beispielsweise im Small Talk zweier deutscher Gesprächsteilnehmer eine Seite irrtümlicherweise bemerkt: „Sie kommen doch aus Hannover.", so gilt nicht als unfreundlich, wenn die andere Seite antwortet: „Oh, nein, nein, ich komme aus Hamburg." Ein Engländer hätte hier vermutlich geantwortet: „Actually, I come from Hamburg.", also „Eigentlich komme ich aus Hamburg." Wir sehen hier eine Vermeidung eines direkten „Nein", wie es in vielen kulturellen Kommunikations-mustern vermieden würde.

Direkte Kommunikation zielt auf genaue und explizite Informationen ab. Man kommt schnell zur Sache, während der situative Kontext nicht einbezogen und nicht bekannt sein muss. Kritik wird klar und deutlich geäußert und zielt auf die Lösung von Problemen ab. Man versucht die Sache von der Person zu trennen. Über Konflikte kann meist offen und ehrlich gesprochen werden. Über Probleme und Konflikte zu sprechen, dient der Suche nach Lösungen und Kompromissen.

Indirekte Kommunikation dagegen zielt auf gemeinsames Hintergrundwissen ab, bezieht den Kontext mit ein und dient der Schaffung einer vertrauensvollen Atmosphäre. Kritik wird nur angedeutet, weil offen zu kritisieren eine Aggression bedeuten würde. Deshalb bleiben Konflikte oft lange unentdeckt. Während eines Konflikts sind Höflichkeit und das Gesicht-wahren besonders wichtig.

Eine Anekdote, die uns hier etwas plakativ und auch pauschalisierend beim Verständnis helfen kann, ist die „Hamburger-Anekdote":

> **Hamburger-Anekdote**
>
> Drei Damen, eine deutsch, eine US-amerikanisch, eine chinesisch, gehen in ein Restaurant und bestellen Hamburger. Das Fleisch ist angebrannt. Als der Kellner später an den Tisch kommt und fragt, wie es geschmeckt habe, sagt die Deutsche vermutlich: „Nicht gut, das Fleisch war angebrannt." Die Amerikanerin: „Der Salat war knackig und das Brötchen frisch. Das Fleisch war angebrannt, aber Sie haben ein sehr schönes Lokal hier.", während die Chinesin meint: „Das Brötchen war lecker und der Salat frisch. Sie haben ein sehr schönes Lokal und ich hab mich sehr wohl gefühlt."
>
> Ein chinesischer Kellner würde sich nun vielleicht fragen, warum sie nicht über das Fleisch gesprochen hat.

In dieser kleinen Geschichte können wir erkennen, wie bei unterschiedlichen kulturellen Prägungen mit dem Thema Kritik umgegangen wird. Aus deutscher Perspektive können wir aber auch erkennen, dass es zum Verstehen eines Gesprächspartners, der eher indirekt kommuniziert, wichtig ist, zwischen den Zeilen zu lesen. Der Aufbau der Fähigkeit zu Interkultureller Kommunikation muss also dazu führen, dass wir auch das ‚nicht Gesagte' verstehen können.

Vielleicht möchten Sie versuchen, folgende direkte Sätze durch indirekte Kommunikation auszudrücken, bzw. folgende Situationen in Übereinstimmung mit den Regeln indirekter Kommunikation zu bewältigen:

Übungssätze

- „Die absolute Deadline für Ihre Präsentation ist der 30.6. Bis dahin müssen wir von Ihnen alle Unterlagen haben, sonst können wir mit Ihnen keine Geschäfte mehr machen!"
- „Ihre Leistung hat in den letzten Monaten stark nachgelassen, ich bin sehr enttäuscht!"
- „Das Hotelzimmer ist unmöglich! Die Heizung ist nicht ausreichend, im Bad tropft dauernd der Wasserhahn, von der laufenden Klospülung ganz zu schweigen und die Teppiche unter dem Bett sind auch angeschimmelt."
- „Ihren Wunsch nach solchen Bauteilen kann ich so kurzfristig leider nicht erfüllen".

Mehr zu den Aspekten direkter und indirekter Kommunikation finden Sie auch im Kapitel der „Kulturgrammatik" im Bereich „Starker vs. schwacher Kontext"

Ihr Transfer in die Praxis

- Gute Kommunikation basiert auf dem Aufbau gemeinsamem Wissens: Nutzen Sie offene Fragen und die Echotechnik, um Ihre Gesprächspartner zum Teilen von Informationen zu motivieren.
- Zeigen Sie durch körpersprachliches Spiegeln und durch paralinguistische Mittel Empathie.
- Präzisieren Sie Ihre Wahrnehmung durch bewusstes Unterscheiden von Wahrgenommenem, Interpretiertem und Bewertetem.
- Falls Sie deutsch- oder holländisch-kulturell geprägt sind, lohnt es sich sehr, sich in indirekter Kommunikation zu üben.
- Suchen Sie – besonders bevor Sie Kritisches ansprechen – Gemeinsamkeiten.

7

Kulturgrammatik

> **Was Sie aus diesem Kapitel mitnehmen**
> Auch, wenn in der interkulturellen Begegnung zuerst der Blick auf situative und persönliche Verhaltensursachen zwingend nötig ist, so kann uns ein tieferes Verständnis von bestimmten Kulturkreisen helfen, Brücken in der Kommunikation zu bauen, das Auftauchen von Missverständnissen zu reduzieren und unseren Gegenübern Empathie entgegen zu bringen. Ferner hilft uns die Kulturgrammatik, mögliche Verhaltens- und Bedeutungsmuster zu antizipieren, um in der Planungsphase des Events möglichst viele Irritationen auszuschließen.

Der Begriff „Kulturgrammatik" geht auf den Pionier der interkulturellen Forschung Edward T. Hall zurück. Er ging davon aus, dass Kultur ähnlich wie Sprache gelernt wird. Nachdem das Sprachenlernen in der Zeit der 1940er- und 1950er-Jahren hauptsächlich im Erlernen der Grammatik bestand, ging Hall davon aus, dass auch für Kultur eine Art „Grammatik" gelernt werden muss. Die Kulturgrammatik besteht aus sogenannten Kulturdimensionen. Sie werden als Skalen mit Extremwerten dargestellt, wie bspw. Individualismus/Kollektivismus.

Über Befragungen, eine Vergabe von Punkten und die Ermittlung der durchschnittlichen Werte wurden Indizes erarbeitet, die Kulturen im

Allgemeinen beschreiben. Kulturdimensionen sollen keine fixen Kategorien sein. Trotzdem geht mit der Beschäftigung mit Kulturdimensionen immer auch die Gefahr einher, in ein neues Schubladendenken oder in einen Dualismus zu verfallen. Wir müssen bei der Beschäftigung mit diesem Thema also mitdenken, dass es sich immer nur um Durchschnittswerte und um Tendenzen in den jeweiligen Kulturen handelt. Individuen können selbstverständlich von diesen Durchschnittswerten abweichen. So werden wir in Deutschland vielleicht Menschen treffen, die sehr Familien- und Gruppen-, also kollektivistisch orientiert leben, als auch Inder, die einen sehr individualistischen Lebensstil pflegen.

Edward T. Hall definierte die Kulturdimensionen

- Raum
- Zeit
- Kontext
- Informationsgeschwindigkeit.

Auf die ersten drei werden wir später zu sprechen kommen. Letztere Dimension möchten wir aufgrund der technologischen Entwicklungen und vieler Neuerungen seit ihrer Veröffentlichung 1990 gerne aussparen.

Geert Hofstede[1] gilt als der bedeutendste Forscher und wurde als emeritierter Professor für Organisationsanthropologie und Internationales Management vor allem durch seine Forschungen in Organisationskultur bekannt. Seine Analyse von Mitarbeitern bei IBM stellt bis heute die umfangreichste Forschung in diesem Bereich dar. Auf ihn gehen die folgenden sechs Kulturdimensionen zurück:

- Machtdistanz
- Individualismus und Kollektivismus
- Maskulinität versus Feminität
- Unsicherheitsvermeidung,
- lang- oder kurzfristige Ausrichtung
- Nachgiebigkeit und Beherrschung

---

[1]Hofstede, G. (2017).

Eine vollumfängliche Behandlung der Kulturgrammatik würde den Rahmen dieses Buches sprengen, weshalb wir uns auf jene Kulturdimensionen konzentrieren, die für die Live-Kommunikation, den Aufbau und die Pflege von Geschäftsbeziehungen besonders interessant sind.

7.1 Schwacher vs. starker Kontext

Die Kulturdimension „Kontext" knüpft direkt an die Ausführungen zu indirekter und direkter Kommunikation an. Allgemein geht es dabei um Konzepte der Informationsgewinnung und –verarbeitung und die damit verbundene Vernetzung. Wenn wir uns die Auswirkungen auf Kommunikationsmuster ansehen, finden wir vor allem den Kontextbezug des Gesagten.

In stark kontextueller Kommunikation, nennt man die Dinge eher nicht beim Namen und setzt deren Bekanntheit voraus. Menschen, die in stark kontextuellen Kulturen sozialisiert wurden, merken sich Informationen zu ihren Freunden und Geschäftspartnern auch eher im Langzeitgedächtnis. Sie sind regelrechte „Informationssammler". Nonverbale Kommunikation, Körpersprache, Mimik und Gestik, aber auch der Grund des Zusammentreffens, das vorher passierte und folgende, spielen eine große Rolle. Man kommuniziert höflich und angemessen. Eine bildhafte und blumige Sprache wird bevorzugt. Die Tatsache des Zusammenseins alleine ist für die Zufriedenheit ausreichend. Sprechpausen oder Stille werden nicht als unangenehm empfunden, weil die Tatsache des Zusammenseins emotional ausreichend ist.

So ist es in der arabischen Welt nicht unüblich, sich mehrfach einen „Guten Morgen" zu wünschen und den Wunsch mit verschiedenen Attributen zu verbinden. Dem Wunsch „Einen schönen guten Morgen!" folgt ein „Ein Morgen des Lichts", was von einem „Ein Morgen des Jasmin-Dufts" abgelöst wird. Die Gesprächspartner schaffen dadurch eine positive Atmosphäre.

In Meetings chinesischer Firmen wird in der Planung speziell auch darauf geachtet, wer an welcher Stelle im Besprechungszimmer sitzt. So ist es für gewöhnlich der ranghöchste Mitarbeiter, der der Tür direkt gegenübersitzt. Rechts neben ihm die zweitwichtigste Person usw.

Weil das Thema Kontext speziell für uns im tendenziell schwachkontextuellen Deutschland sehr schwierig zu greifen ist, sollten wir uns die Bedeutung einer japanischen Bezeichnung ansehen: Mit „Kuuki Yomenai (KY)"[2] werden Menschen bezeichnet, die unausgesprochene soziale Regeln und Protokolle nicht kennen, ignorieren oder missachten. Japaner scheinen in ihrem Verhalten oft aufeinander abgestimmt, obwohl sie wenig oder gar nicht sprechen. Die japanische Kultur betont das Beobachten und Sammeln von Informationen aus der Umgebung, anstatt direkt danach zu fragen.

In schwach kontextueller Kommunikation wird eine offene und ehrliche Ausdrucksweise forciert, wobei klar strukturierte Mitteilungen bevorzugt werden. Man drückt sich am besten direkt und knapp aus. Es gibt ein Bedürfnis, verbal zu kommunizieren und Sprechpausen oder Schweigen gelten als unangenehm. Ein Wissen oder Erkennen des Kontexts wird nicht vorausgesetzt, sondern eher detailliert erklärt. Informationen über Freunde und Geschäftskontakte werden eher im Kurzzeitgedächtnis gespeichert, weshalb bestimmte Umstände manchmal auch wiederholt erklärt werden müssen.

Es ist selbstredend, dass uns die Kommunikation mit Menschen aus stark kontextuellen Kulturen vor Herausforderungen stellt. Unser direkter Nachbar Frankreich kennt bereits einen deutlich höheren Kontext. Aber auch in Skandinavien, Italien, Lateinamerika, der arabischen Welt, Afrika, in Indien, China und Japan finden wir implizitere Kommunikationsmuster.

7.2 Raum

Interpersonale Distanz (Proxemik)
„Der normale Abstand bei der Kommunikation zwischen Fremden zeigt die Bedeutung der Dynamik räumlicher Interaktion. Wenn eine Person zu nahekommt, folgt prompt und automatisch die Reaktion – die andere Person weicht zurück. Und wenn das Gegenüber nachrückt,

---

[2]https://www.japan-talk.com/jt/new/kuuki-yomenai Zugegriffen am 22. Mai 2019.

weichen wir wieder weiter zurück. Ich habe (US-)Amerikaner vor Ausländern, die sie als zu aufdringlich wahrnehmen, die gesamte Länge eines Korridors zurückweichen sehen." Edward T. Hall 1959

Mit der Kulturdimension „Raum" versuchte Edward T. Hall die kulturabhängig unterschiedlich großen Abstände zu beschreiben, die Menschen zulassen, oder gegen Außenstehende und „Eindringlinge" verteidigen (Abb. 7.1). Als genereller Trend können wir festhalten, dass Nordamerikaner und Nordeuropäer eine größere interpersonale Distanz von 0,90–1,20 m bevorzugen, während in Lateinamerika, Südeuropa oder der arabischen Welt eine kleinere interpersonale Distanz von 0,60–0,80 cm für ein vertrauensvolles Gespräch üblich sind. Im Zusammentreffen von Menschen aus diesen unterschiedlichen Kulturräumen kann es dadurch zu Fehlattributionen kommen. Ein Kolumbianer empfindet einen Norweger aufgrund der hohen Distanz vielleicht zu distanziert, während ein Engländer einen Italiener aufgrund der kleinen interpersonalen Distanz vielleicht als zu aufdringlich empfindet.

Interpersonale Distanz

Abb. 7.1 Interpersonale Distanz. (Quelle: eigene Darstellung)

Die intime, private, soziale und öffentliche Distanzzone kann sich je nach Bekanntheitsgrad der anderen Person verändern, wobei es beim Raum nicht ausschließlich um den materiellen Raum geht, sondern auch bspw. darum, welche Informationen mit Außenstehenden geteilt werden. Man könnte also auch vom Gegensatz „öffentlich" und „privat" sprechen.

Öffentlich vs. Privat
Dabei lohnt es sich einen kurzen Blick auf die Arbeiten des Psychologen Kurt Lewin zu werfen. Er entwickelte das sogenannte Pfirsich-Kokosnuss-Modell (Abb. 7.2). Der Pfirsich ist mit einem harten Kern und viel saftigem Fruchtfleisch ausgestattet. Eine Kokosnuss dagegen hat eine harte Schale, während sich innen das Fruchtfleisch und viel leckere Kokosmilch befindet.

Der Vergleich kann helfen die unterschiedlichen Prägungen in Bezug auf öffentliche und private Aspekte zu verstehen. Nehmen wir beispielsweise die US-amerikanische Kultur als Pfirsich an und die deutsche als Kokosnuss. Viele Aspekte in der Pfirsichkultur gelten als öffentlich. So ist die Frage nach dem Jahreseinkommen – „How much do

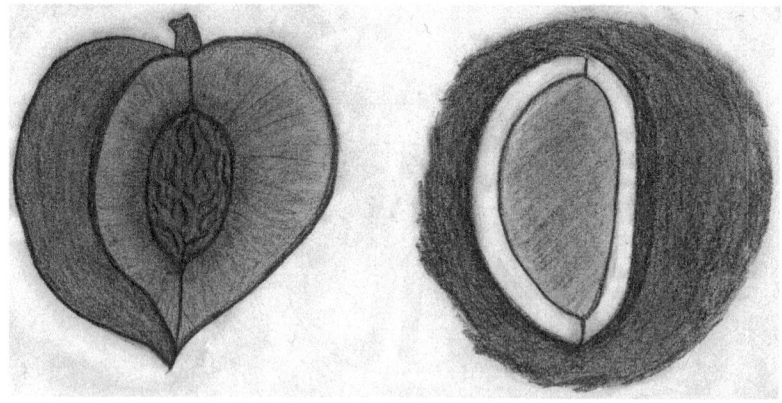

Abb. 7.2 Peach & Coconaut. (Quelle: Anne Witzenleiter in Anlehnung an https://www.globalmasssolutions.com/blog/, Zugriff: 10.12.2019)

you make?" – das unaufgeforderte Sich-Bedienen am Kühlschrank des Gastgebers, das Fahren mit dem Auto eines Bekannten keine Seltenheit und wird keineswegs als übergriffig verstanden. Auch senden Vertreter der Pfirsichkultur oft Signale aus einem Persönlichkeitsbereich, der der Kokosnuss als privat gilt. Was versteht die Kokosnuss dadurch? Die Kokosnuss nimmt überrascht die Nähe wahr, zu der der Pfirsich bereit zu sein scheint und schließt daraus eine bereits fortgeschrittene freundschaftliche Annäherung. Die Enttäuschung kommt, sobald die Kokosnuss feststellen muss, dass bspw. ein „You should really come for dinner!" gar nicht als konkrete Einladung gemeint war. Gemeint waren vielmehr eine positive Bewertung des Zusammentreffens und der Wunsch, sich wieder zu sehen. Aus solchen Missverständnissen entsteht die Zuschreibung, US-Amerikaner seien „oberflächlich", was selbstverständlich genauso wenig zutrifft.

Trennung von persönlichen und professionellen Lebensbereichen
Der Pfirsich wiederum erlebt die Kokosnuss oft als kühl und unnahbar. Um dies zu verstehen, sollten wir erstmals auf einen deutschen Kulturstandard zu sprechen kommen: Der Trennung von persönlichen und beruflichen Lebensbereichen. So ist in Deutschland die Vermischung von Beruflichem und Privatem tendenziell eher unüblich, man spricht bei der Arbeit wenig über Privates und versucht seine Kollegen nicht abends oder im Urlaub mit beruflichen Fragen zu stören.

Was wir hier mit dem Bild der Kokosnuss und dem Pfirsich am Beispiel deutscher und US-amerikanischer kultureller Prägung besprechen, korreliert auch mit dem Kulturmodell und den Dimensionen Fons Trompenaars.

- Universalismus vs. Partikularismus – Sind Regeln oder Beziehungen wichtiger?
- Neutralität vs. Emotionalität – Wird eine zurückhaltende oder eine emotionale Ausdrucksweise bevorzugt?
- Individualismus vs. Kollektivismus – Wird das Leben in der Gruppe oder das Leben als Individuum stärker forciert?

- Spezifität vs. Diffusität – Führen wir tendenziell mehr spezifische Beziehungen, also Freundschaften bspw. während der gemeinsamen Schul- oder Studienzeit, oder sind unsere Beziehungen tendenziell eher losgelöst von einem bestimmten Anlass und Kontext?
- Leistung vs. Herkunft – Erhalten wir unseren Status durch unsere Familien- oder Gruppenzugehörigkeit oder müssen wir uns diesen selbst erarbeiten?

Fons Trompenaars – ein übrigens ausgezeichneter Redner und Unternehmensberater – stellt in seinen Veranstaltungen gerne eine Frage in Form eines Fallbeispiels, die uns Menschen – egal welcher kultureller Prägung – vor ein Dilemma stellt:

„Sie fahren mit einem Freund in einer Wohngegend, in der die Geschwindigkeit auf 30 km/h beschränkt ist. Er fährt mindestens 50 km/h, als sein Auto einen Fußgänger erfasst, der verletzt wird. Es gibt keine weiteren Zeugen. Sein Anwalt sagt später, wenn Sie unter Eid bezeugen würden, dass Ihr Freund nur 30 km/h gefahren ist, könnte ihn das vor ernsthaften Konsequenzen bewahren." Welchen Anspruch hat ihr Freund, dass Sie ihm helfen? Würden Sie ihm helfen? Wie würden Sie ihm helfen?

Sie können dieses Fallbeispiel gerne mit Anderen diskutieren. Die verschiedenen Antwortmöglichkeiten erklärt Ihnen Fons Trompenaars am besten selbst in einem berühmt gewordenen TEDtalk.

Videotipp:[3] „Riding the waves of culture"

7.3 Individualismus vs. Kollektivismus[4]

Die Intensität und Wichtigkeit von Beziehungen findet sich auch in der Kulturdimension Individualismus vs. Kollektivismus (Abb. 7.3 und 7.4). In tendenziell individualistischen Gesellschaften sind die

---

[3]https://www.youtube.com/watch?v=hmyfjKjcbm0
[4]Roth, J. und Köck, C. (2011, S. 85–87).

7 Kulturgrammatik

Abb. 7.3 Individualismus (Grafik: Andrea Witzenleiter – in Anlehnung an Schroll-Machl, S. und Plannerer 2007)

Beziehungen zwischen Individuen eher locker. Jeder sorgt für sich selbst und für die unmittelbare Kernfamilie. In tendenziell kollektivistischen Gesellschaften sind Individuen quasi durch Geburt in bestimmte Gruppen – die Familie, die Verwandtschaft, der Clan oder eine Religionsgemeinschaft – integriert. Von diesen Gruppen erhält der einzelne Mensch generell Sicherheit, insbesondere aber bei Krankheit, Arbeitslosigkeit oder einem Unfall die nötige Hilfe. Dafür schuldet das Individuum dieser Gruppe Loyalität.

Diese Prägung hat auch Einfluss auf das Kommunikationsverhalten. So versuchen kollektivistisch geprägte Menschen die Harmonie zu wahren und suchen den Konsens, sie stellen ihre Meinung nötigenfalls zurück. Ein Sprichwort, das sich in vielen kollektivistisch geprägten Kulturen – wie der chinesischen und japanischen – findet, lautet „Der Nagel, der heraussteht, wird eingeschlagen." Das Ideal, das hinter diesem Sprichwort steht, ist natürlich ein eher neutrales und zurückhaltendes Auftreten, mit dem man versucht, keine übermäßige Aufmerksamkeit auf sich zu lenken. Im Gegensatz dazu finden wir bspw. in den USA das Sprichwort „The wheel that squeals the loudest

Abb. 7.4 Kollektivismus (Grafik Andrea Witzenleiter – in Anlehnung an Mitterer, K. und Mimler, R. und Thomas, A. und Plannerer 2006)

is lubricated", also „Das Rädchen, das am lautesten quietscht, wird geschmiert." Eine eigene Meinung ist das Charaktermerkmal eines aufrichtigen Menschen. Kritik üben und Kritik annehmen wird schon früh in der Elementarbildung geübt, Selbstverwirklichung und Leistung sind wichtige Ziele.

Auch bei dieser Kulturdimension gilt, dass sie keine Schubladen darstellen, sondern Tendenzen. So werden wir uns trotz unserer tendenziell individualistischen Prägung in bestimmten Situationen eher konsens- und harmonieorientiert verhalten. Aus dem Vergleich dieser unterschiedlichen Prägungen lassen sich konkrete Tipps für die Interkulturelle Kommunikation ableiten:

- Suchen Sie Gemeinsamkeiten, Harmonie und Konsens
- Lassen Sie in der Kommunikation ihren Gegenübern viel Raum
- Zwingen Sie niemanden zu konkreten Antworten

- Deuten Sie Konflikte und Probleme allenfalls nur an
- Meiden Sie die Adressierung politischer und religiöser Konflikte
- Stellen Sie weder Ihren Gesprächspartner noch sich selbst in einer Gruppe heraus

7.4 Macht[5]

Die Kulturdimension „Macht" ist vor allem interessant, wenn wir für die Kooperation in multikulturellen Teams und die Zusammenarbeit mit Expatriates lernen möchten. Die Machtdistanz bringt die allgemein akzeptierte Machtverteilung einer Gesellschaft zum Ausdruck und zeigt, wie mit Ungleichheit umgegangen wird.

Das Phänomen der Machtdistanz findet sich in allen Gesellschaften, auch in jenen, die versuchen, sich in Gleichheit und auf Augenhöhe zu begegnen. So sind Eltern immer mächtiger als deren Kinder, Lehrer mächtiger als Schüler und der Vorgesetzte oder Chef mächtiger als die Mitarbeiter. Der Trend in deutschen Konzernen geht zu flachen Organigrammen und geringer Machtdistanz, wodurch man sich auch ein größeres Engagement und Kreativität der Mitarbeiter durch die Möglichkeit sich einzubringen erhofft.

In Gesellschaften mit geringer Machtdistanz versuchen Mächtige eher weniger mächtig zu erscheinen, Titel, Hierarchie und Status wird eine eher geringe Bedeutung beigemessen. Privilegien und Statussymbole werden missbilligt und die Ungleichheit von Menschen soll so gering wie möglich sein. Schüler beteiligen sich aktiv am Unterricht, Kinder dürfen ihren Eltern auch öffentlich widersprechen und Mitarbeiter bringen sich aktiv mit Ideen, Vorschlägen und Kritik ein. Sie wollen an Entscheidungen beteiligt werden und übernehmen bereitwillig Verantwortung.

In Gesellschaften mit hoher Machtdistanz versuchen Mächtige auch beeindruckend und mächtig zu erscheinen, Titel, Status und Hierarchie

[5]Roth, J. und Köck, C. (2011, S. 87–89).

haben eine wichtige Funktion, Privilegien und Statussymbole werden erwartet. Von Kindern wird vor allem Disziplin und Gehorsam erwartet, Schüler sprechen nicht unaufgefordert, vor allem aber widersprechen sie in der Öffentlichkeit ihren Eltern nicht. Mitarbeiter sind tendenziell eher Befehlsempfänger. Vielleicht werden sie von ihrem Chef gehört, jedoch entscheidet dieser tendenziell autark und übernimmt auch die volle Verantwortung. Ideen, Vorschläge und Kritik sind riskant, weil sie auch als Angriff auf die Position des Chefs verstanden werden könnten.

Als Dozent für Deutsch als Fremdsprache musste ich im Umgang mit Studenten aus dem südasiatischen Raum eine völlig neue Methodik lernen. So waren bei Gruppenarbeiten und Projekten wesentlich mehr Kontrollen gefragt. Als Moderator musste ich öfters nach dem Stand des Arbeitsprozesses fragen, Ideen genehmigen und Interesse zeigen. Erst dadurch wurden in diesen Gruppenarbeiten Leistungen möglich, die mit Gruppen aus Kulturen mit tendenziell niedriger Machtdistanz ebenso erzielt wurden.

7.5 Zeit[6]

„Wer eilt, erreicht als erster das Grab." Lautet ein mexikanisches Sprichwort. In der Tat unterscheiden manche Mexikaner auch die „hora inglesa" – die US-amerikanische Zeit – und die „hora mexicana". Die Kulturdimension der Zeit ist vermutlich einer der kulturellen Unterschiede, die Menschen am deutlichsten bemerken, wenn sie ein anderes Land besuchen, ein Auslandssemester absolvieren oder als Expatriates eingesetzt sind. Edward T. Hall unterschied 1983 die Extrempole „monochrones" und „polychrones" Zeitverständnis (Abb. 7.5 und 7.6).

Allgemein bekannt ist der Umstand, dass wir in Deutschland scheinbar sehr viel Wert auf Pünktlichkeit legen. Es geht um Verbindlichkeit, um das Planen im Voraus und um den Respekt vor den zeitlichen Verpflichtungen des Anderen.

---

[6]Roth, J. und Köck, C. (2011, S. 78–81).

Abb. 7.5 Monochromes Zeitverständnis (Grafik Junia Witzenleiter)

Abb. 7.6 Polychrones Zeitverständnis (Grafik: Junia Witzenleiter)

Ein weniger bekannter Aspekt dieser Kulturdimension ist die Tendenz, sich auf eine Sache zu einer Zeit zu konzentrieren. So sind deutsche Expatriates in Frankreich gerne irritiert, wenn während ihrer Präsentation Zuhörer kommen und gehen, oder Telefongespräche annehmen. Dies geschieht keineswegs aus Respektlosigkeit, sondern zeigt die in Frankreich vorherrschende polychrone Prägung. Es ist wichtig, für andere erreichbar zu sein, zu kommunizieren und flexibel zu sein. Der Fokus liegt auf einer starken Beziehung zu Mitmenschen und der Zufriedenheit des direkten Gegenübers. Zeit ist lediglich ein Rahmen zur Orientierung und es können auch mehrere Dinge gleichzeitig gemacht werden. Während polychrone Systeme zu einem Versinken in unproduktivem Chaos neigen, unterschätzen monochrone Systeme die Bedürfnisse ihrer Mitglieder.*

Robert Levine[7] legte 1997 mit seinem Buch „A Geography of Time" wohl die umfangreichste Studie zum Thema Zeit vor. In der Tat ist es so, dass wir bereits in der Erziehung von Kindern ein bestimmtes Gefühl für Zeit anerziehen. Beginnend mit den idealisierten Intervallen beim Stillen von Säuglingen, fortgesetzt mit der Vorbereitung auf den Schulweg, dem Zurückrechnen, wie viel Zeit für das Frühstücken und Anziehen sowie den Weg zur Schule gebraucht wird, sozialisieren wir in den Leistungsgesellschaften unsere Kinder von klein auf für ein bestimmtes Zeitgefühl. Um die Kinder von Beduinen, die traditionell in einer Ereigniszeit leben, für den Schulbesuch und die Teilnahme an der israelischen Gesellschaft vorzubereiten, haben Ephraim Ben-Baruch und Zipora Melitz an der Ben-Gurion-Universität Negev ein Trainingsprogramm entwickelt. Die Kinder erzielen mit diesem Training in allen Bereichen seither bessere Leistungen.

Zuletzt sei zum Thema Zeit auch die kulturell bedingt unterschiedliche Sichtweise von Vergangenheit, Gegenwart und Zukunft erwähnt (Abb. 7.7 und 7.8). Während in manchen Kulturen die Zukunft kaum eine Rolle spielt, die Gegenwart eine sehr große und die Vergangenheit einen großen Einfluss auf die Gegenwart hat, wird bspw. in Deutschland die Vergangenheit eher als abgeschlossen betrachtet. Die Gegenwart spielt eine Rolle, dient aber vor allem dem Fokus auf die Zukunft. Man lernt, um später beruflich erfolgreich zu sein. Man arbeitet, um im Alter gut versorgt zu sein. Sicherlich resultiert ein Teil der deutschen Bewunderung für das „italienische dolce vita" zum Teil aus dieser Prägung. Die – bei uns wenig vorhandene – Neigung zum Genießen des Augenblicks wird idealisiert.

Die Webseiten (https://www.hofstede-insights.com/country-comparison/) von Geert Hofstede und Fons Trompenars bieten die Möglichkeit, Länder anhand ihrer Indizes in der Kulturgrammatik zu vergleichen.

---

[7]Levine, R. (1998).

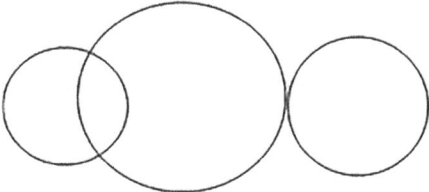

Abb. 7.7 Gegenwart und Vergangenheit. (Quelle: eigene Darstellung)

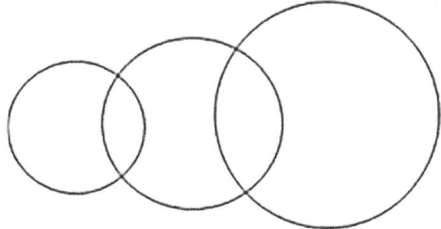

Abb. 7.8 Gegenwart und Zukunft

7.6 Kritik an der Kulturgrammatik

In Seminarreihen zu Interkultureller Kompetenz erlebe ich öfters Teilnehmer, die bei der Beschäftigung mit der Kulturgrammatik meinen, endlich das gefunden zu haben, was sie gesucht haben: Ein Instrumentarium, mit dem man sicher Menschen anderer Kulturen einschätzen kann. Ich muss diese Teilnehmer regelmäßig enttäuschen.

Den Wissenschaftlern Edward T. Hall, Geert Hofstede und Fons Trompenaars ist es zwar gelungen, das Phänomen Kultur zu operationalisieren und messbar zu machen. Die eigene Kultur kann auf Basis der Kulturgrammatik bewusst reflektiert werden und wir haben nun ein Wissen, wo kulturbedingte Unterschiede zu erwarten sind. Auch sind die Modelle dazu geeignet, einen kognitiven Rahmen für anschließende Kultur- und zielgruppenspezifische Trainings zu schaffen.

Es gibt aber auch große Schwachstellen in der Kulturgrammatik. Die Gleichsetzung von Nation und Kultur berücksichtigt keine regionalen

Unterschiede. So würden Sachsen und Württemberger wohl Schwierigkeiten haben, sich auf bestimmte kulturelle Normen zu einigen. Auch wurden keine Zugehörigkeiten zu sozialen Schichten, also zu sogenannten Milieus bedacht.

Für unsere interkulturellen Kontakte stattet uns die Kulturgrammatik mit einer nur sehr vagen Vorstellung über deren Auswirkungen im Alltag aus. Durch die Beschäftigung mit den Kulturdimensionen erreichen wir zwar eine gewisse Sensibilität, aber eben keine Sicherheit für die sozialen Interaktionen. Eine Berücksichtigung von verhaltensbezogenen Aspekten interkultureller Kommunikation findet genauso wenig statt wie eine emotionale Auseinandersetzung. Ein adäquates Handeln in der jeweiligen Situation bedarf einer Kompetenz, die über die Kenntnis von Skalenwerten weit hinausgeht.

Wirklich gefährlich wird die Kulturgrammatik, wenn deren Erkenntnisse verallgemeinert und auf Individuen projiziert werden. Das Ignorieren der Offenheit kultureller Systeme und deren dynamischem Wandel würde zu einem statischen Bild führen. Jede Vereinfachung der Wirklichkeit, wie sie in der Sozialpsychologie quasi ständig versucht wird, geht mit der Gefahr einer, neue, vielleicht etwas bessere Stereotype zu denken. Zuletzt sei bemerkt, dass Hofstedes Forschungen auf die 1970er und 1980er Jahre zurückgehen.

> **Ihr Transfer in die Praxis**
> - Nutzen Sie die Kulturgrammatik nicht, um das Verhalten Einzelner zu verstehen.
> - Nutzen Sie die Kulturgrammatik, um Kommunikations- und Verhaltensmuster zu beobachten, zu erkennen und danach ihre eigenen Muster gewinnbringend anzupassen.
> - Achten Sie in der Kommunikation stärker auf den Kontext. Ihre Kommunikation mit Menschen aus hoch-kontextuelleren Kulturen (quasi fast aller) wird sich dadurch deutlich verbessern.

Literatur

Hofstede, G. (2017). *Lokales Denken, globales Handeln.* München: Beck.
Levine, R. (1998). *Eine Landkarte der Zeit.* München: Piper Verlag GmbH.
Mitterer, K., Mimler, R., & Thomas, A. (2006). *Beruflich in Indien – Trainingsprogramm für Manager, Fach- und Führungskräfte.* KG Göttingen: Vandenhoeck & Ruprecht GmbH & Co.
Roth, J., & Köck, C. (2011). *Interkulturelle Kompetenz – Xpert Culture Communication Skills* (S. 13–18). München: Bayrischer Volkshoch-schulverband.

8

Kulturstandards

> **Was Sie aus diesem Kapitel mitnehmen**
>
> Mit den Kulturstandards erhalten wir ein Mittel, mit dem wir uns schnell auf die Begegnung mit Menschen anderer Kulturen einstellen können. Wir arbeiten dabei zwar mit „besseren Stereotypen", erhalten dafür aber eine Orientierung darin, was im jeweiligen Kulturkreis als ‚normal" angesehen wird.

Aktueller als die Kulturgrammatik nach Hall, Hofstede und Trompenaars ist der von Alexander Thomas entwickelte Begriff der Kulturstandards. Der Begriff wird zum Erwerb einer interkulturellen Handlungskompetenz und für vergleichende Verhaltensstudien verwendet. Kulturstandards können als ein Orientierungsrahmen einer Gesellschaft gesehen werden, der Einfluss auf das Denken, Fühlen und Handeln der Individuen hat. Es ist ein Versuch die Mentalität der Menschen in erklärende Worte zu fassen. Kulturstandards werden von der Mehrzahl der Individuen als natürlich und selbstverständlich angesehen. Sie bestimmen Verhaltensmuster, aber auch Wahrnehmungsmuster, d. h. Andere werden auf Basis der Kulturstandards beurteilt.

Besonders von den Industrie- und Handelskammern werden diese Kulturstandards verbreitet und erfreuen sich großer Beliebtheit, wobei selbstredend mit den Kulturstandards keine Interkulturelle Kompetenz aufgebaut werden kann. Gegenüber der Kulturgrammatik ist die Gefahr der Bildung neuer Stereotypen sogar noch größer.

8.1 Deutsche Kulturstandards[1]

Es lohnt sich, insbesondere deutsche Kulturstandards zu betrachten. Interkulturelle Kompetenz beginnt immer mit der Beschäftigung mit der eigenen Kultur. Geschätzte Leser aus Österreich und der Schweiz werden sich darin nur teilweise wiederfinden. Für Österreich sei vor allem die etwas implizit-kommunikativere und für die Schweiz eine egalitärere Prägung erwähnt.

Wir Deutschen besetzen in mehreren Aspekten Extremwerte. Die Kenntnis dieser Extremwerte und die Beherzigung der daraus folgenden Verhaltenstipps werden uns weltweit helfen, kommunikative Brücken zu bauen.

Sachorientierung
Bei der Interaktion zwischen Menschen egal welcher Herkunft, spielen zwei Ebenen eine wesentliche Rolle: Die Sachebene und die Beziehungsebene. In Deutschland wird vor allem die Sachebene betont, wir nehmen uns selbst und andere tendenziell eher als Funktionsträger wahr, kommen schnell zur Sache, sparen nicht mit Kritik – sie dient ja der Verbesserung – und neigen dazu, Befindlichkeiten zu ignorieren.

---

[1]Schroll-Machl (2007).

Nutzen Sie deshalb jede Möglichkeit, auch die Beziehungsebene zu ihren Geschäftspartnern – auch nach Dienstschluss – zu pflegen. Informelle Gespräche, eine persönliche Beziehung und eine deutlich längere Zeit für Small Talks werden Ihnen helfen, nicht als stereotypisch kalt, unnahbar oder gar arrogant und aggressiv zu erscheinen. Beziehen Sie die Befindlichkeiten Ihrer Gesprächspartner mit ein und seien sie sich bewusst, dass formelle Aspekte – Berichte, Meetings, Ansprachen- in anderen Kulturen oft geschönt sind. Die „bessere Wahrheit" finden Sie auf der Beziehungsebene.

Wertschätzung von Strukturen und Regeln
Aufgrund der bewegten deutschen Geschichte, Hungersnöten, Epidemien und Kriegen, wird Sicherheit in Deutschland sehr hoch geschätzt, woraus sich der hohe Wert von Strukturen und Regeln speist. Diese werden meist völlig unhinterfragt gelebt, befolgt und andere werden nicht selten auf die Regeln aufmerksam gemacht. Was auf der einen Seite eine große Leidenschaft für Organisation mit sich bringt, hemmt auf der anderen Seite Spontanität und Flexibilität.

Kommunizieren Sie Strukturen und Regeln gegenüber Anderen erklärend, aber vor allem auch kritisch, um nicht missionarisch zu erscheinen. Antizipieren Sie in der Vorbereitung auf Projekte und Geschäftsabschlüsse Ihre Spielräume. Beziehen Sie Ihre Gesprächspartner mit ein. Damit vermeiden Sie, stereotypisch arrogant und autoritär zu erscheinen.

Zeitplanung
Wir neigen dazu, sowohl privat als auch beruflich „verplant" zu sein. Das hängt vor allem mit der Leidenschaft zum Organisieren, aber auch mit der Tendenz, Entscheidungen eher früher zu treffen, zusammen. Kommt es zu Störungen im Ablauf, neigen wir Deutsche zur Frustration.

Planen Sie flexibler und nutzen sicherheitshalber gewisse Zeitpuffer. Wenn Sie Absprachen treffen, arbeiten Sie mit „Follow-ups", also einer Nachverfolgung, in dem Sie Ihre Geschäftspartner auch nach Abmachung nochmals kontaktieren und so die Dringlichkeit ausdrücken. Wenn Sie „Ich habe keine Zeit" sagen, klingt das für viele andere, wie ein Schlag ins Gesicht. „Ich hätte heute Abend Zeit für Sie" hört sich in den Ohren weniger monochron geprägter Menschen besser an.

Internalisierte Regelkontrolle
Wenn eine Sache einmal organisiert und besprochen ist, erwartet man in Deutschland von jedem, dass er sich an seine Zuständigkeit hält und die Aufgaben erfüllt. Wer sich demnach verhält, wird als zuverlässig wahrgenommen. Deutsche nehmen ihre Tätigkeit und Verantwortung sehr ernst und handeln eher aufgrund inneren Pflichtgefühls als aufgrund äußerer Zwänge.

> Erläutern Sie in Zusammenarbeit und Projekten deshalb neben dem „Wie" eben auch das „Warum". Die Motivation ihrer Gegenüber kommt oftmals nicht so sehr aus Sachzwängen, sondern aus der persönlichen Beziehung zu Ihnen. Diese können Sie nutzen. Lassen Sie Vorschläge und Initiativen zu.

Trennung von „privat" und „beruflich"
Wir Deutschen neigen zu einer strikten Trennung von Privatem und Beruflichem, verhalten und kommunizieren unserer Rolle und dem Beziehungsgrad entsprechend. Unsere beruflichen Kontakte werden nur unter bestimmten Bedingungen im Privatleben fortgesetzt. In der beruflichen Sphäre erfolgen Signale aus dem Privatleben eher sehr sparsam. Außenstehende nehmen Deutsche deshalb tendenziell als verschlossen wahr.

> In interkulturellen Begegnungen werden Sie erfolgreicher sein, wenn Sie „mit Ihrer ganzen Persönlichkeit", also auch emotional und persönlich, anwesend sind. Merken Sie sich persönliche Informationen und nehmen Sie am Leben Ihrer Geschäftspartner und Mitarbeiter teil. Nicht nur in den USA sind Kollegen auch die Freunde. Man pflegt persönliche Kontakte, die Familien kennen sich und persönliche Gespräche während der Arbeitszeit sind nicht selten.

Direkte Kommunikation und schwacher Kontext
Was kommuniziert werden muss, wird in Worten und Sätzen ausgedrückt. Wenig findet sich zwischen den Zeilen, in der Körpersprache oder im Kontext. Schriftliche Kommunikation, Vereinbarungen und Verträge genießen einen hohen Stellenwert.

Vor allem das Entschlüsseln der Kommunikation mit Menschen aus stark kontextuellen Kulturen stellt uns in Deutschland vor Herausforderungen. Hören Sie gut und lange zu, achten Sie auf Signale, auf die Sie normalerweise nicht achten. Vertrauen Sie auch Ihrem Gefühl. Ein „Ja" kann Vieles heißen, auch ein „Ich höre Ihnen zu." Oder: „Ich zeige Ihnen Respekt." Suchen Sie nach Informationen und setzen diese wie ein Puzzle zusammen. Sie können hierzu W-Fragen nutzen: WER sagt WAS? WIE und WANN wurde es zu WEM gesagt? Aus den Antworten ergibt sich das Bild, nach dem Sie suchen.

Menschen anderer Kulturen reagieren viel stärker auf Ihre Ausstrahlung, Ihren Status und Ihre Worte. Sehr oft werden Deutsche als autoritär erlebt, was an detaillierter Vorbereitung, Sachlichkeit und Strukturiertheit liegt. Sie tun sich leichter, wenn Sie sich allzeit flexibel und gesprächsbereit zeigen.

Das Ansprechen von Problemen und Konflikten dient in Deutschland der Suche nach Lösungen und sollte idealerweise auf der Sachebene erfolgen. In vielen Kulturen werden Probleme nur angedeutet. Aus diesem Kommunikationsmuster folgt die Fehlattribution, Deutsche wären „aggressiv". Falls Sie wirklich über Probleme und Konflikte sprechen müssen, beginnen Sie mit der Suche nach Gemeinsamkeiten und der Betonung der guten Beziehung, beachten Sie die Regeln zur gewaltfreien Kommunikation und senden Sie Ich-Botschaften. In individualistischen Kulturen kann Ihnen die „Sandwich-Kritik" helfen: Erst Gutes loben, dann kritisieren, dann wieder Positives erwähnen.

Individualismus

Vor allem in westlichen Kulturen finden wir den Kulturstandard des Individualismus, welcher Unabhängigkeit, Selbstständigkeit und Selbstverwirklichung idealisiert. Hilfe bekommt man auf Nachfrage. Speziell bei in Deutschland eingesetzten Expatriates kann dieser Umstand schnell zu einer Frustration führen, weil die Erwartung vorherrscht, dass sensibel und beständig erkannt wird, wenn man Hilfe braucht.

In nicht-individualistischen Kulturen sind Beziehungen regelrechte Türöffner. Nutzen Sie diese! Vielen Expatriates in Deutschland können Sie durch persönliche Kontakte, ein Firmen-Freizeitprogramm oder einer Vereinsmitgliedschaft helfen. Sie fühlen sich in Deutschland das erste Mal in ihrem Leben so richtig alleine.

8.2 Kulturstandards in China

8.2.1 China – Viele Wege führen nach…Peking

Eine deutsche Veranstaltungstechnikerin und Abteilungsleiterin eines deutsch-chinesischen Messeunternehmens berichtet aus Shenzhen, dass bei einer mobilen Hebebühne ein defektes inneres Rad repariert werden musste. Nachdem das äußere Rad an einer Schwinge gelagert ist, die man lösen und nach hinten klappen kann, um Zugriff auf das innere Rad zu erhalten, wäre der Wechsel eigentlich sehr einfach und schnell möglich gewesen. Die Mechaniker-Kollegen aus China schraubten für die Reparatur das gesamte Rad ab und brauchten dadurch natürlich deutlich länger: mehr als 3 Stunden. Die Veranstaltungstechnikerin zeigte daraufhin den chinesischen Kollegen, wie dies deutlich schneller zu bewerkstelligen ist. Sie benötigte gerade mal 30 min.

Im Rahmen des Aufbaus für eine weitere Ausstellung drei Monate später hatte das Mechaniker-Team erneut ein defektes Rad und die deutsche Veranstaltungstechnikerin entdeckte zufällig die Mechaniker bei der Reparatur und musste dabei bemerken, dass wieder das gesamte Rad abmontiert wurde, obwohl exakt diese Mechaniker zuvor gelernt hatten, dass dies auch deutlich einfacher und schneller gehen konnte.

Warum arbeiten die chinesischen Mechaniker nicht nach der deutlich simpleren und effektiveren Methode? Wie kann das Verhalten der chinesischen Kolleginnen und Kollegen erklärt werden?

Einschätzung

a. Zwar nehmen die chinesischen Mechaniker wahr, dass die deutsche Veranstaltungstechnikerin und Abteilungsleiterin eine abweichende Methode zur Reparatur bevorzugt. Allerdings sind die Chinesen weiterhin von ihrer Methode so überzeugt, dass sie ihnen besser und gangbarer erscheint. Zeit spielt für die Kolleginnen und Kollegen aus China keine so wichtige Rolle, als dass sie dafür einen bewährten Arbeitsablauf ändern würden.

☐ völlig richtig ☐ hat Erklärungswert ☐ unentschieden

☐ eher unwahrscheinlich ☐ völlig falsch

b. Die einheimischen Mechaniker sind nicht begeistert und vielleicht sogar persönlich gekränkt, dass ihre Arbeitsabläufe als unterlegen und minderwertig entlarvt wurden. Deshalb geben sie sich stur, weil sie auf ihre eigene Art und Weise ja auch an das Ziel kommen.

☐ völlig richtig ☐ hat Erklärungswert ☐ unentschieden

☐ eher unwahrscheinlich ☐ völlig falsch

c. Chinesen haben einen sehr ausgeprägten Stolz, sind von sich und der Überlegenheit ihrer Wirtschaft so überzeugt, dass sie einen eigentlich wertvollen Tipp der deutschen Veranstaltungstechnikerin nicht annehmen wollen und können.

☐ völlig richtig ☐ hat Erklärungswert ☐ unentschieden

☐ eher unwahrscheinlich ☐ völlig falsch

d. Es ist wie so oft: es gibt eine alte und bewährte Herangehensweise. Man ist sicher, dass man die Hebebühne so wieder zum Laufen bringt und muss keine nicht vertrauten und experimentellen Methoden probieren, bei denen man nicht weiß, ob man an das Ziel kommen wird. Unsicherheit und auch Scheu gegenüber der deutschen Veranstaltungstechnikerin machen es schwer, einen Tipp oder Ratschlag anzunehmen und im Falle von Problemen mit der neuen Herangehensweise auch noch nach Rat fragen zu müssen.

☐ völlig richtig ☐ hat Erklärungswert ☐ unentschieden

☐ eher unwahrscheinlich ☐ völlig falsch

e. Eigene Einschätzung:

_____
_____
_____
_____

Erklärung

a. Die Akzeptanz der anderen Methode, um ans Ziel zu kommen, reicht scheinbar nicht aus. Auch falls es heute in China immer noch Geringschätzung von Zeit und Effektivität geben mag, die in ehemaligen Staatsbetrieben kultiviert wurde, kann eine Abteilungsleiterin und damit auch Vorgesetzte wohl nicht einfach dulden, dass das chinesische Mechaniker-Team nach eigenen und deutlich ineffizienteren Methoden arbeitet. Die Beobachtung sollte der deutschen Kollegin auf jeden Fall zu denken geben, jedoch nicht zu einer Abwertung der chinesischen Untergebenen führen. Die Ursachen für deren unveränderte Herangehensweise liegen woanders. Wahrscheinlich ist es mit dem Zeigen der effektiveren Methode oder einer Ermahnung nicht getan. Diese Erklärung ist eher unwahrscheinlich.
b. Im Gegensatz zu manchen Deutschen sind Chinesen schneller gekränkt und fühlen sich durch Kritik auch persönlich angegriffen. Bei Kritik wird wesentlich seltener zwischen Sache und Person getrennt. Gerade auch dann, wenn eine Ausländerin Kollegen auf einen Fehler hinweist, fühlen sich viele Chinesen dadurch bloßgestellt. Wenn die deutsche Veranstaltungstechnikerin bei der Demonstration der anderen Reparaturmethode nun so undiplomatisch verhalten hat, dass ein einzelner Kollege sich verletzt fühlte, könnte sich das Team mit ihm solidarisiert haben und deshalb aus Trotz die alte, deutlich langsamere Reparaturmethode weiterpflegen. „Jetzt erst recht!" Vielleicht fühlt sich das Team sogar so verletzt, dass gar keine Verbesserungsvorschläge mehr angenommen werden können. Den chinesischen Mechanikern ist aber sicherlich klar, dass die deutsche Veranstaltungstechnikerin und Abteilungsleiterin über deutlich mehr technisches Wissen und Fertigkeiten verfügt. Als Vorgesetzte haben sie ihr auch Folge zu leisten und sie kennen sicherlich auch das in China weit verbreitete Motto, man solle „vom Ausland lernen." Diese Antwort trifft zu.
c. Diese Antwort trifft nicht zu, auch wenn die Aspekte des Nationalstolz, der von staatlicher Seite gefördert wird, sowie gegenüber Ausländern, insbesondere jenen aus ehemaligen Kolonialstaaten, immer noch betont wird, durchaus korrekt sind.In der vorliegenden Situation handelt es sich um ein unternehmensinternes Arbeitsverhältnis

mit hierarchisch klar definierten Rollen und Funktionen. Die deutsche Veranstaltungstechnikerin ist weisungsbefugt.
d. In der Tat stellt die Strategie, weiterhin die alte Reparaturmethode anzuwenden, für das chinesische Team das kleinste Risiko dar. Verhaltensmuster ändern sich teilweise nur sehr, sehr langsam. Das westliche Denken in ökonomischen Paradigmen von Effektivität und Effizienz sowie deren Bedeutung kann mitunter sogar verdächtig sein. Ein kurzer Tipp im Vorübergehen oder auch eine Demonstration in der mal eben gezeigt wird, wie es besser gehen könnte, erreichen dabei kaum die gewünschte Wirkung.

Die sach- und aufgabenorientierte Herangehensweise der deutschen Veranstaltungstechnikerin ist kaum dazu geeignet, Distanz ab- und menschliche Brücken aufzubauen. Ein wertschätzender Umgang mit den Erfahrungen und Bedürfnissen der chinesischen Kollegen würde deutlich schneller zum Ziel führen. Erst wenn die zwischenmenschlichen Voraussetzungen geschaffen sind, kann auf der Sachebene eine Veränderung der Arbeitsroutine erreicht werden.

Vielleicht wurde trotz der Erklärung die Anweisung immer noch nicht verstanden und eine Nachfrage hätte einen kollektiven Gesichtsverlust des chinesischen Teams bedeutet. Es ist auch normal, dass in China, wie auch in Deutschland, ein Misstrauen gegenüber Ausländern durchaus verbreitet ist. Solche Einstellungen waren weltweit über viele Jahrhunderte hinweg sicherlich richtig. Geschichtlich gesehen wurde das chinesische Reich durch Barbaren und Invasoren von außen immer wieder überfallen, was China stets in Identitätskrisen stürzte. Stereotypische Themen, wie „Aids", „Prostitution" oder eine „lasche Sexualmoral des Westens" und generell „die Gefahr von außen" spielen insbesondere bei einfachen Arbeitern vom Land immer noch eine Rolle. Ob diese Stereotypen und Vorurteile nun im konkreten Fall von Bedeutung waren, lässt sich nicht gänzlich ausschließen.

Vorschlag
Eine schnelle Lösung erreichen Sie, in dem Sie einen erfahrenen und talentierten chinesischen Kollegen einsetzen, der die neue Reparaturmethode als neuen Standard einführt. Er hat nicht mit einer

Sprachbarriere zu kämpfen, bei ihm entfallen Scheu und Misstrauen gegenüber Ausländern und er kennt vielleicht die alte Arbeitsmethode und kann so antizipieren, wo es mit der neuen Methode zu Verständnisschwierigkeiten kommen kann.

Die deutsche Veranstaltungstechnikerin sollte sich dafür sensibilisieren, sowiedurch ihr Verhalten vielleicht das Gesicht ihrer Gegenüber verletzt. Ferner würde schon die alleinige Suche nach Lösungen gemeinsam mit den chinesischen Mitarbeitern eine persönliche Zuwendung und den Aufbau von persönlichen Beziehungen bedeuten. Der persönliche Kontakt unterstützt das Funktionieren von betrieblichen Abläufen sehr!

Kulturstandard: Gesicht wahren

- Persönliche Integrität sowohl in Bezug auf Moral als auch auf soziale Hierarchie!
- Peinlichkeiten in einer sozialen Umgebung sollten vermieden werden!
- Beim „Gesicht wahren" handelt es sich um eines der ältesten Konzepte der chinesischen Kultur zur Eigenwahrnehmung und Selbstdefinition im sozialen Umfeld!
- Konfuzianische Gedichte geben Beispiele für die Wahrung und die Wiederherstellung des Gesichts!
- Wenn eine Person einer anderen vorgestellt wird, wird ihr „ein Gesicht gegeben"!

8.2.2 China – Ein guter Vorschlag

Die Messe Frankfurt veranstaltet im chinesischen Shenzhen einen Klon einer in Deutschland erfolgreichen B2B-Messe. Während der letzten Verhandlungen hatte das Team der Messe Frankfurt sehr gute Unterstützung durch eine äußerst routinierte und loyale chinesische Übersetzerin. Sie war es, die im Gespräch nach einer Verhandlung einen Vorschlag machte, der allen einleuchtete und für die Durchführung der Veranstaltung entscheidende Vorteile für alle Seiten bringen würde. Ihr wurde gesagt, dass ihr Vorschlag sehr gut aufgenommen wurde und dass auch die Fachkollegen der Idee eine große Machbarkeit bescheinigten. Die Übersetzerin wurde gebeten, den Vorschlag ohne eine Vorformulierung durch einen Vertreter der Messe Frankfurt dem chinesischen Team zu unterbreiten. Sie reagierte sehr erschrocken auf diese Bitte und meinte, dass sie das nicht tun könne. Vorschläge würden nur von den Verhandlungspartnern gemacht, nie aber von Übersetzern. Das „Nein" der chinesischen Dolmetscherin wurde erst als ein höfliches Zögern verstanden, aber auch Komplimente für ihre Idee konnten sie nicht überzeugen.

Wie kann der Widerstand der chinesischen Übersetzerin, ihren Vorschlag selbst zu unterbreiten, sinnvoll eingeordnet werden? Warum will sie den Vorschlag nicht selbst machen?

Einschätzung

a. Im Kontext der chinesischen Kultur steht es der Übersetzerin nicht zu. Es würde erscheinen, als ob sie sich in den Vordergrund spielte. Ferner ist es ihr im Nachhinein peinlich, sich mit ihrer Idee aufgedrängt zu haben.

☐ völlig richtig ☐ hat Erklärungswert ☐ unentschieden

☐ eher unwahrscheinlich ☐ völlig falsch

b. Die chinesische Übersetzerin kennt ihre Rolle als Dolmetscherin in einem chinesischen Geschäftssetting. Im Kontakt mit den deutschen Verhandlungspartnern fühlt sie sich aber – sie kennt die deutsche Kultur und hatte einige Jahre in Deutschland gearbeitet – berechtigt, eine eigene Idee beizusteuern. Im Kontext der Verhandlungen aber, und insbesondere vor ihren chinesischen Landsleuten, muss sie ihr eigenes Verhalten als ein unhöfliches Hervortun und deshalb als absolut unpassend erachten.

☐ völlig richtig ☐ hat Erklärungswert ☐ unentschieden

☐ eher unwahrscheinlich ☐ völlig falsch

c. Die chinesische Übersetzerin befürchtet durch ihre Idee die Fachkompetenz des Verhandlungspartners der deutschen Seite zu untergraben und damit einen Gesichtsverlust zu verursachen. Durch diesen Gesichtsverlust würde der deutsche Leiter wohl nicht mehr für voll genommen werden und statt ihm würde der Übersetzerin größeres Gewicht und Verantwortung zukommen.

☐ völlig richtig ☐ hat Erklärungswert ☐ unentschieden

☐ eher unwahrscheinlich ☐ völlig falsch

d. Durch das Einbringen eigener Ideen würde die chinesische Übersetzerin von ihren Landsleuten für die überaus offensichtlich gezeigte Parteinahme schlecht angesehen werden.

☐ völlig richtig ☐ hat Erklärungswert ☐ unentschieden

☐ eher unwahrscheinlich ☐ völlig falsch

Eigene Einschätzung

_____
_____
_____
_____

Erklärung

a. Eher nicht zutreffend. Die Idee der Übersetzerin erfolgt in einem semi-formellen Rahmen, was diese Antwortmöglichkeit nicht mit einbezieht. Dabei muss eingeräumt werden, dass sie hierarchisch durchaus niedriger gestellt ist und sich vermutlich nicht besserstellen oder ungebührlich Aufmerksamkeit auf sich ziehen möchte. Die Idee unterbreitet zu haben ist sicherlich kein Problem, aber das Drängen den Vorschlag selbst zu präsentieren, könnte zu Schlimmerem führen.

b. Sehr zutreffend. Ganz eindeutig stehen in China formelle Regeln über inhaltlichen Aspekten, worauf von Chinesen auch geachtet wird. Mitarbeiterinnen haben ihre Rolle und es wird darauf geschaut, dass jede innerhalb ihres Verantwortungsbereiches bleibt. Die Idee, sachlich, offen und über Hierarchie- und Rollengrenzen hinweg ein Thema zu diskutieren, wäre in chinesischen Teams und Unternehmen nicht denkbar. Auch eine „Führung durch Unterstellte" würde chinesische Vorgesetzte völlig vor den Kopf stoßen. Dessen ist sich die Übersetzerin bewusst. Ihr geht es nicht nur um den möglichen Gesichtsverlust, sondern ebenfalls um die Beziehung zwischen den beiden Teams, die dadurch empfindlich gestört würde. Das würde auch das Aus für ihren Vorschlag bedeuten.

c. Natürlich macht sie dem deutschen Verhandlungsführer seine Fachkompetenz nicht strittig, ist sich aber des möglichen Gesichtsverlusts bei den Chinesen bewusst. Der Gesichtsverlust würde auch nicht nur den deutschen Verhandlungsführer, sondern auch sie selbst betreffen. Die Idee aber, dass sie anstelle des deutschen Verhandlungsführers mehr Bedeutung erfahren hätte, trifft nicht zu. Dazu wäre eine vorherige offizielle Rolle als gleichgestelltes Mitglied des deutschen Teams notwendig gewesen. Wichtig ist hier – und dessen ist sich die Dolmetscherin bewusst – vor allem die Wahrung der Harmonie.

d. Nicht zutreffend. Es wird in Verhandlungen auch manchmal hart gekämpft, wobei aber beide Seiten immer Partner sind und bleiben wollen. Es gäbe für die Chinesen keinen Grund, die Übersetzerin zu diffamieren.

Vorschläge

Die Tatsache, dass die chinesische Übersetzerin sich einbrachte, darf durchaus als ein Vertrauens- und Loyalitätsbeweis gesehen werden. Sie ist engagiert bei der Sache. Der Vorschlag muss aber zwingend vom deutschen Verhandlungsführer in dessen eigenen Worten gemacht werden, sodass er als Ideengeber erkennbar wird. Die Übersetzerin bleibt im Hintergrund und in ihrer Rolle. Außerhalb des formellen Rahmens und der chinesisch-deutschen Verhandlungen darf das Engagement der Übersetzerin durchaus gewürdigt werden.

Die informellen Gespräche mit der Übersetzerin im Anschluss bieten immer die Gelegenheit, zusätzlich zum gesprochenen Wort der

Verhandlungen, das Verhalten der chinesischen Verhandlungspartner besser zu verstehen.

Theoretisch könnte die Dolmetscherin – oder generell ein chinesischer Mitarbeiter – in das deutsche Team integriert werden, dann jedoch von Beginn an in der Rolle eines vollwertigen Teammitglieds. Es wird in China geschätzt, dass jeder die Rolle ausfüllt, die ihm zugewiesen ist. Das Mitreden eines Untergebenen würde einen Gesichtsverlust bedeuten, weshalb es in China auch durchaus normal ist, dass ein Vorgesetzter einen zuvor in Einzelgespräch erfahrenen Vorschlag eines Untergebenen als eigene Idee präsentiert.

Kulturstandard: Hierarchie

- Von außen betrachtet wird der chinesischen Gesellschaft oft eine Ungleichheit unterstellt!
- Die „Hierarchie" weist aber vielmehr formal Menschen ihren gesellschaftlichen Platz zu!
- Bezeugungen des Respekts und der Unterwerfung bedeuten vor allem eine Anerkennung der bestehenden sozialen Ordnung, in der alle gleich sind (Da tong – „große Gleichheit")!
- Menschen fühlen sich nicht zweitrangig, sondern fügen sich am rechten Platz ein!
- Menschen in Verantwortung und Autorität handeln nicht eigenmächtig oder gar willkürlich, sondern sollten sich idealerweise so einbinden, dass sie gar nicht bemerkt werden (Daoismus)!

8.3 Kulturstandards in Frankreich

8.3.1 Frankreich – Entscheidung

Der neue Leiter der Messe Frankfurt France – die französische Tochter der Messe Frankfurt – ist ein deutscher Kollege, Herr Breitmüller. Seine Aufgabe ist es, ein Kosteneinsparungsprogramm durchzuführen, das er in seiner vorherigen Tätigkeit für die Muttergesellschaft in Frankfurt bereits erfolgreich realisiert hat. Als die erste wichtige Entscheidung getroffen werden muss, versammelt er alle Gruppen- und Abteilungsleiter, um diese mit ihnen gemeinsam zu beschließen. Er zeigt das potenzielle Ergebnisder Kosteneinsparung und macht deutlich, dass ihm die Übernahme des Konzepts sehr wichtig ist, weil es schon mehrfach zum Erfolg geführt hatte. Bei der finalen Abstimmung, zeigen alle ihr Einverständnis.

Nur wenige Minuten nach dem Treffen steht Herr Lallmond in seiner Bürotür und meint, dass er die Lösung grundsätzlich für gut heißen würde, jedoch daran zweifle, dass seine Abteilung die notwendigen Kompetenzen habe, um das Konzept umzusetzen. Er bittet Herrn Breitmüller, das Konzept nochmals zu überdenken. Eine Stunde später kommt ein anderer Gruppenleiter, Herr Duvall, mit einem ähnlichen Einspruch. Herr Breitmüller wundert sich, warum die beiden ihre Einwände nicht während der Sitzung vorgetragen hatten.

Bedeutungsklärung

a. Herr Breitmüller genießt als Vorgesetzter hohes Ansehen. Auch sein sozial-integrativer Führungsstil, mit den Gruppen- und Abteilungsleitern zu einer gemeinsamen Entscheidung zu kommen, wird gemocht. Die Gruppen- und Abteilungsteilungsleiter wollen Herrn Breitmüller nicht vor den Kopf stoßen. Nach der Sitzung ist die Situation aber ganz anders. Ein persönliches Gespräch führt in dieser Situation weiter.

☐ völlig richtig ☐ hat Erklärungswert ☐ unentschieden

☐ eher unwahrscheinlich ☐ völlig falsch

b. Die Gruppen- und Abteilungsleiter sind es überdrüssig, immer wieder an Konzepten zur Kosteneinsparung teilzunehmen. Zwar sind sie mit gar nichts einverstanden, was Herr Bodenmüller vorschlägt, sehen sich aber als machtlos. Deshalb versucht jeder nach der Sitzung das für seine Abteilung Schlimmste zu verhindern.

☐ völlig richtig ☐ hat Erklärungswert ☐ unentschieden

☐ eher unwahrscheinlich ☐ völlig falsch

c. Natürlich sind es die Führungskräfte gewohnt, Kosten einzusparen und tragen die Grundidee mit. Sie wissen, dass ihr Unternehmen erst dadurch seine Wettbewerbsfähigkeit ausbauen wird. Ein Konzept aber ausgerechnet aus Deutschland zu übernehmen, stößt ihnen negativ auf.

☐ völlig richtig   ☐ hat Erklärungswert   ☐ unentschieden

☐ eher unwahrscheinlich   ☐ völlig falsch

d. Die französischen Führungskräfte wollen ihre Sorgen und Bedenken nicht in einer großen Runde vortragen, um gesichtswahrend für sich selbst und Herrn Breitmüller aus der Sitzung zu gehen.

☐ völlig richtig   ☐ hat Erklärungswert   ☐ unentschieden

☐ eher unwahrscheinlich   ☐ völlig falsch

Eigene Einschätzung
_____
_____
_____

Lösungsansätze
Bitte begründen Sie Ihre Einschätzungen in einigen Stichpunkten:
_____
_____
_____

Lösung

a. Nicht zutreffend. Natürlich kann ein Vorgesetzter so beliebt sein, dass man ihm nichts abschlagen will. In unserem Beispiel stellt Herr Breitmüller aber niemanden vor vollendete Tatsachen und fordert zur

Loyalität auf, sondern zeigt die Sachlage und die Notwendigkeit. Er ruft zu einer Gruppenentscheidung auf, mit der alle einverstanden sind. Die Mitarbeiter hatten also geradezu die Pflicht, an dieser Stelle ihre Einwände vorzutragen. Stattdessen suchen sie das Einzelgespräch und stellen den gemeinsamen Beschluss grundsätzlich infrage. Die Zuneigung zum Chef kann hierfür nicht der Grund sein.

b. Eher nicht zutreffend. Für eine Entscheidung zur Kosteneinsparung ist nie jemand glücklich, weshalb Vorgesetzte immer dafür kämpfen müssen. Der Beschluss konnte ausführlich diskutiert werden. Erst nach der Sitzung wird die Vereinbarung von einigen Teilnehmern grundsätzlich infrage gestellt. Die Deutung b. gibt deshalb keine überzeugende Antwort.

c. Eher nicht zutreffend. In der Tat macht es der französische Nationalstolz schwer, ein in Deutschland erfolgreich getestetes Konzept zu übernehmen. Wir sprechen hier aber über eine französische Niederlassung einer deutschen Muttergesellschaft. Kein Abteilungsleiter hatte Bedenken angemeldet, weshalb es anschließend nicht so richtig zu akzeptieren ist, dass einzelne Gruppen- und Abteilungsleiter das Konzept grundsätzlich infrage stellen. Ressentiments gegen Deutsche oder speziell auch das deutsche Konzept sind also denkbar. Eine andere Deutung ist jedoch zutreffender.

d. Zutreffend. Allen Gruppen- und Abteilungsleitern ist klar, dass Herr Breitmüller richtig liegt, eine erprobte Strategie einzuführen. Die Vorteile liegen auf der Hand. Der Weg dorthin ist aber lang, weist Hindernisse auf und bedarf Anpassungen an die französischen Bedingungen. Durch Einwände einen guten Plan gleich zu Anfang infrage zu stellen und damit dem Vorgesetzten Breitmüller zu widersprechen, verbietet allerdings der Anstand und der Respekt vor Autoritäten in Frankreich.

Vorschläge

Herr Breitmüller wird von den französischen Gruppenleitern als Autorität gesehen, die alles weiß und im Griff hat. Sie stimmen in der Sitzung zu, auch wenn sie hinsichtlich der Umsetzung große Bedenken haben. Diese Bedenken tragen sie aber nicht öffentlich vor. Sie vermeiden dadurch, dass eventuelle Schwierigkeiten in ihren Abteilungen und Gruppen zutage treten, dass Herr Breitmüller ohne Kenntnisse der Details argumentiert und entscheidet – und dann womöglich Entscheidungen zurücknehmen muss. Herr Breitmüller geht davon aus, dass nach einer Stunde Diskussion alle Bedenken ausgeräumt sind. Dieser einstündige Austausch wird jedoch nicht das letzte Wort im geplanten Projekt sein. Die Zustimmung bei der Sitzung sollte er eher als grundsätzliches Einverständnis verstehen und damit rechnen, dass die französischen Kollegen noch mit vielen Veränderungsvorschlägen auf ihn zukommen werden. Erst wenn es ihm gelingt, in nachfolgenden Einzelgesprächen alle Bedenken auszuräumen, Wünsche und Anliegen aufzunehmen und darauf mit Wertschätzung zu reagieren, zeigt er aus französischer Sicht Führungsqualität. Ein Zurückweisen der Vorschläge mit einem Hinweis auf den Beschluss würde ihm den Ruf eines arroganten und engstirnigen Managements einbringen.

Kulturstandard „Indirekte Kommunikation"

- Indirekte Kommunikation deutet eher an
- Es wird viel „zwischen den Zeilen gelesen"
- Das Ungesagte ist wichtig
- Indirekte Kommunikation ist eine „Einladung zum Mitdenken"
- Es wird auf gemeinsames Hintergrundwissen abgezielt
- Kritik wird tendenziell eher „durch die Blume" audgedrückz

8.3.2 Frankreich–„Entschuldigen Sie bitte."

Herr Breitmüller ist seit einiger Zeit in Frankreich tätig. Wiederholt erfährt er, dass seine französischen Kollegen jedes persönliche Gespräch unterbrechen. Wenn das Telefon klingelt, nehmen sie ab und führen ein Gespräch, egal ob es sich um einen wichtigen oder unwichtigen Anruf handelt und auch wenn er sich mit der Person eigentlich in einem Gespräch befindet. Selbst wenn eine weitere Person in ein Gespräch platzt, wird diese sofort ins Gespräch einbezogen. Bei Meetings und einer seiner Präsentationen verlassen Kollegen den Raum, kommen wieder zurück und tauschen sich mit Nachbarn aus. Herr Breitmüller ist angesichts von soviel Nicht-Beachtung konsterniert und kann sich nicht erklären, warum seine französischen Kollegen offensichtlich auf jede Störung positiv reagieren.

Einschätzung

a. Für die französischen Mitarbeiter ist es wichtig, sich „sozial" zu zeigen und mit Menschen zu reden. Alles Aufgaben- und Sachbezogene hat dahinter zurückzustehen.

☐ völlig richtig ☐ hat Erklärungswert ☐ unentschieden

☐ eher unwahrscheinlich ☐ völlig falsch

b. Ein Gespräch mit Ausländern – hier mit einem Deutschen – ist nicht so bedeutend wie ein Gespräch mit französischen Kollegen und Gesprächspartnern. Diesen wird mehr Aufmerksamkeit geschenkt.

☐ völlig richtig ☐ hat Erklärungswert ☐ unentschieden

☐ eher unwahrscheinlich ☐ völlig falsch

c. Viele Dinge zur gleichen Zeit zu erledigen und immer ansprechbar zu sein, ist im französischen Kulturraum üblich.

☐ völlig richtig ☐ hat Erklärungswert ☐ unentschieden

☐ eher unwahrscheinlich ☐ völlig falsch

d. Je mehr Menschen einen anrufen oder besuchen, umso höher ist das soziale Ansehen in Frankreich.

☐ völlig richtig ☐ hat Erklärungswert ☐ unentschieden

☐ eher unwahrscheinlich ☐ völlig falsch

Eigene Einschätzung

Erklärung
a. Eher unwahrscheinlich oder falsch. Es kann schon sein, dass für viele Franzosen die Beschäftigung mit Personen wichtiger ist als die Beschäftigung einer Sache. Andererseits ist Herr Breitmüller ja in intensiven Gesprächen, Meetings und Präsentationen, weshalb diese Deutung nicht zutreffend sein kann.
b. Eher unwahrscheinlich. Es gibt Unterschiede in der Behandlung von Fremden. Aus den geschilderten Situationen geht aber nicht hervor, dass Herrn Breitmüller im Vergleich zu Franzosen zu wenig Aufmerksamkeit geschenkt wird. Vielmehr erstaunt ihn, dass Unterbrechungen jederzeit möglich zu sein scheinen.
c. Völlig richtig. Das Verhalten der Kollegen von Herrn Breitmüller entspricht dem in Frankreich verbreiteten polychromen Zeitverständnis. Parallel Dinge zu erledigen, mit mehreren Leuten gleichzeitig zu sprechen und zugleich einen Anruf entgegenzunehmen, zeigt eine bewegliche, flexible und kreative Arbeitsweise.
d. Eher unwahrscheinlich. Beachtung, Kontakte zu Anderen und gefragtsein sind in der Tat nicht nur in Frankreich eine positive Bestätigung für Menschen. Dass das soziale Ansehen aber von der Anzahl der Kontakte abhängt ist sicherlich falsch. Eine andere Deutung ist zutreffender.

Vorschläge
Den Wunsch nach einem Gespräch abzulehnen oder auf einen anderen Zeitpunkt zu verschieben, würde in Frankreich als unhöflich, mangelnde Flexibilität und fehlende Fähigkeit zur Kommunikation gesehen werden. Jeder ist zu jeder Zeit mit seinem Anliegen willkommen. Ansichten und Meinungen auszutauschen oder eine angenehme Zeit miteinander zu verbringen sind wichtige Gelegenheiten, um an Informationen zu kommen. Weniger sinnvoll im französischen Kontext ist das Abarbeiten von Meetings, Gesprächen und Präsentationen. Herrn Breitmüller wird der französische Zugang zum Thema Zeit noch lange ineffizient vorkommen; er wird aber lernen, die Zeit auf französische Art und Weise effektiv zu nutzen, d. h. sie weniger zu segmentieren, flexibel den Gegebenheiten anzupassen und jederzeit dem Kontakt zu Anderen die Priorität zu geben.

Kulturstandard: Polychrones Zeitverständnis

- Franzosen neigen dazu, viele Dinge gleichzeitig zu tun!
- Abläufe und Zeitpläne werden eher als Anregung und Orientierung verstanden, sind aber nicht unumstößlich!
- Es ist selbstverständlich, jederzeit ansprechbar zu sein und sich unterbrechen zu lassen!
- Auch die Unterbrechung persönlicher Gespräche durch Telefonate, die Störung von Präsentationen durch hereinkommende und hinausgehende Zuhörer sind keine Seltenheit!
- Aktuell auftretende Anforderungen werden als wichtiger gesehen als die Erfüllung von Plänen!
- Komplexe Überlappungen und Kontexteinflüsse verändern die Prioritäten quasi am laufenden Band!
- Simultanität und Flexibilität in den beruflichen Handlungen wird als Effizient angesehen!
- Die Person, für die man momentan etwas erledigt, gilt als die wichtigste Person in diesem Augenblick, was sich auch im Kulturstandard der Personen- und Beziehungsorientierung wiederfindet.

8.4 Kulturstandards in Großbritannien

8.4.1 Großbritannien – Gut oder nur nicht schlecht?

Ein Ton-Ingenieur eines deutschen Verleihers für Veranstaltungstechnik betreut das Glastonbury Festival in England. Den Eventmanager und Bühnenchef kennt er schon aus den letzten Jahren. Probleme gibt es in diesem Jahr wegen der zahlreicheren Mikrofone, die wegen zweier Bands mit mehreren Background-Sängern benötigt werden. Nachdem die zusätzlichen Kabel zwischen Mischpult und Bühne verlegt sind und auf der Bühne zusätzlich Verteiler aufgestellt wurden, kommen der Bühnenchef und der lokale Tontechniker zur Besprechung; der deutsche Ton-Ingenieur fragt, ob die Herangehensweise an die zusätzlichen Gesangsmikrofone so zur Zufriedenheit ist. Der englische Tontechnikermeint: „Well, that could be worse." Nun weiß der Deutsche nicht so richtig, was er davon halten soll.

Was denken Sie, wird der Tontechniker wohl mit „That could be worse." gemeint haben?

Einschätzung

a. Eigentlich ist er mit dem Ergebnis überaus zufrieden. Nur äußert er sich auf englische Art eben nicht zu lobend.

☐ völlig richtig ☐ hat Erklärungswert ☐ unentschieden

☐ eher unwahrscheinlich ☐ völlig falsch

b. Die Aussage des Tontechnikers lässt dem deutschen Kollegen viel Raum und die Möglichkeit zu Erklärung, warum es so kompliziert war, die Mikrofone bereit zu stellen.

☐ völlig richtig ☐ hat Erklärungswert ☐ unentschieden

☐ eher unwahrscheinlich ☐ völlig falsch

c. Natürlich erwartet man im Ausland – speziell in England – von einem deutschen Ton-Ingenieur absolute Präzision. Der lokale Tontechniker ist deshalb etwas überrascht, dass er gefragt wird, ob das Resultat nun okay sei.

☐ völlig richtig ☐ hat Erklärungswert ☐ unentschieden

☐ eher unwahrscheinlich ☐ völlig falsch

d. Eigentlich ist der Tontechniker überhaupt nicht zufrieden, schwächt sein Feedback jedoch ab. Eine positive Rückmeldung wäre wesentlich überschwänglicher ausgefallen.

☐ völlig richtig ☐ hat Erklärungswert ☐ unentschieden

☐ eher unwahrscheinlich ☐ völlig falsch

Eigene Einschätzung

_____
_____
_____
_____

Erklärung

a. Völlig falsch. Zurückhaltung und auch Indirektheit sind wichtige Kennzeichen englischer Konversation. Man will oft keine unüberwindbaren Gegensätze entstehen lassen oder selbst als arrogant und überheblich erscheinen. In dieser Situation aber gibt es eigentlich keinen möglichen Konflikt zu vermeiden. Gute Beurteilungen fallen normalerweise viel besser und deutlicher aus. In Deutschland gilt eher, dass wenn nicht geschimpft wurde, es dadurch genug gelobt wurde. Diese Aussage kann die Reaktion des englischen Tontechnikersnicht erklären.
b. Völlig falsch. Pragmatismus in Großbritannien ist sehr wichtig. Im Gegensatz zu deutscher Problemlösung will man in England nicht wirklich wissen, woran die Schwierigkeiten gelegen haben und wie exakt die Hindernisse überwunden wurden. Man interessiert sich für die Lösung. Deutsche denken hier ganzheitlicher, wollen das Problem eingehend analysieren und ein für alle Mal eine Lösung haben. Für einen Briten sieht das sehr langwierig und umständlich aus. Auch ist der deutsche Ton-Ingenieur ein Dienstleister, weshalb von ihm eine Lösung für die Aufgabenstellung erwartet wird. Keine langen Erklärungen. Keine Schulung des englischen Kollegen.
c. Eher unwahrscheinlich. Die Reputation deutscher Präzision und Genauigkeit ist in der Tat eine wichtige Größe auf den Inseln. Die Erkundigung des Deutschen, ob der englische Kollegemit der Lösung zufrieden ist, gehört allerdings auch hier zum Geschäft. Eigentlich besteht sogar die Gefahr, dass der deutsche Ton-Ingenieur zu wenig spricht und die Rolle der nicht sachbezogenen Konversation unterschätzt (s. Kulturstandard: Distanzreduzierung). Dadurch kann der Auftragnehmer seine Wertschätzung transportieren.

d. Völlig richtig. Auch wenn Briten bei Kritik sehr zurückhaltend und indirekt vorgehen, so würden sie doch bei positivem Feedback sehr herzlich und deutlich, vermutlich sogar überdeutlich sagen, wie sehr sie zufrieden sind. Wenn eine solche sehr deutliche positive Rückmeldung fehlt, sollte ein Deutscher darauf aufmerksam werden, dass etwas nicht stimmt. Deshalb liegt der Ton-Ingenieurmit seinem Gefühl sehr richtig. Kritik wird zunächst in Watte gepackt, was in England als zielführend gesehen wird. Ein englischer Tontechniker hätte das Feedback verstanden.Der englische Tontechnikerist sich gar nicht bewusst, welche Konfusion er mit seinem Feedback stiftet und ist am Ende wahrscheinlich unzufrieden mit der Arbeit des deutschen Tontechnikers.

Vorschlag
Briten sind sich der Indirektheit ihrer Sprache oft nicht bewusst und wissen nicht, welche Irritationen sie damit bei Deutschen auslösen. Eine Beschäftigung mit dem britischen Kommunikationsstil ist deshalb immer anzuraten. Es ist im Umgang mit britischen Kollegen deshalb auch zu empfehlen, bei nicht uneingeschränkt positivem Feedback, Verdacht zu schöpfen, dass noch nicht alles zur vollen Zufriedenheit ist.

Kulturstandard: Indirektheit interpersonaler Kommunikation

- Die Privatsphäre des Einzelnen, wozu dessen Meinung und Arbeitsweise gehören, ist in Großbritannien ein sehr wichtiger Wert!
- Als Außenstehender oder Kollege nähert man sich diesem privaten Bereich nur mit äußerster Vorsicht!
- Die eigene Meinung und der eigene Standpunkt dürfen auf keinen Fall als absolut dargestellt werden!
- Indirekte und verhaltene Äußerung von Kritik!
- Umschreibungen und Andeutungen sind bei Bitten und Anweisungen absolut üblich: „May I ask you, to probably....only it is no problem for you, of course."!
- Die Wahrung der Privatsphäre des Anderen und die Zurückhaltung bei der Äußerung der eigenen Sichtweise gehören dabei zusammen!

- Die indirekten Kommunikationsmuster von Briten wirken auf Deutsche oft schwammig und unentschlossen, haben aber Höflichkeit als Intention!
- Die direkten Kommunikationsmuster der Deutschen wirken auf Briten oft aufdringlich und rechthaberisch!
- Für Deutsche im Umgang mit Briten gilt deshalb: „Soften your approach!" und „Listen to the unspoken!"!

8.4.2 Großbritannien – Eine Lösung

Eindeutscher Anbieter für Messestände übernimmt ein britisches Unternehmen mit Dienstleistungen im Messebau. Bei einer Messe im englischen Bristol wundert sich der deutsche Kollege Schröder über ein für ihn unlogisches Detail: Die Verblendungen des Gestänges wurden zusätzlich zueiner Befestigung mit den handelsüblichen Inbus-Schrauben mit einem starken Klebeband befestigt. Jede Stange erhielt an jeder Seite und im Abstand von ca. einem Meter einen zusätzlichen Streifen Klebeband.

Auf Nachfrage erfuhr Schröder, dass sich vor einigen Jahren ein Aussteller über ein Vibrieren beschwert hätte und da sei man auf die Lösung gekommen, die Vibration durch die zusätzliche Befestigung durch Klebeband zu stoppen. Daraufhin gab es nie mehr Beschwerden. Herr Schröder findet dieses Vorgehen ausgesprochen unprofessionell und spricht den Arbeitsschritt im nächsten Meeting an, woraufhin die Techniker mit der Prüfung der gesamten Bauweise der Messestände beauftragt werden. Man will die Ursache beheben.

Wie erklären Sie sich das Verhalten im britischen Aufbau-Team?

Einschätzung

a. Im liberalen Großbritannienhaben Mitarbeiter größeren Spielraum für eigene Entscheidungen. Diese Spielräume können auch für pragmatische Lösungen genutzt werden.

☐ völlig richtig ☐ hat Erklärungswert ☐ unentschieden

☐ eher unwahrscheinlich ☐ völlig falsch

b. In Großbritannien steht immer die Lösung eines Problems im Fokus. Wenn diese Lösung zügig und wirksam umgesetzt werden kann: umso besser!

☐ völlig richtig   ☐ hat Erklärungswert   ☐ unentschieden

☐ eher unwahrscheinlich   ☐ völlig falsch

c. Der Anspruch an Qualität ist bei britischen Messebauern nicht so hoch, weshalb die Lösung akzeptiert wird.

☐ völlig richtig   ☐ hat Erklärungswert   ☐ unentschieden

☐ eher unwahrscheinlich   ☐ völlig falsch

d. Der Mitarbeiter will mit einer falschen Aussage die Aufmerksamkeit von einem anderen Fehler ablenken.

☐ völlig richtig   ☐ hat Erklärungswert   ☐ unentschieden

☐ eher unwahrscheinlich   ☐ völlig falsch

Eigene Einschätzung

_____
_____
_____
_____

Erklärung

a. Völlig falsch. Großbritannien hat in der Tat eine liberale Tradition, die einen Individualismus und Ablehnung von Bevormundung hervorgebracht hat. Die Kommunikation von Mitarbeitern mit Vorgesetzten ist davon betroffen. Der Kontakt zwischen Führungskräften und Personal ist häufiger und enger, es wird aber nicht so sehr über langfristige Planung gesprochen, sondern eher schnell auf

Änderungen reagiert. Das wirkt auf Deutsche gerne wie eine strengere Hierarchie. Ein britischer Mitarbeiter hätte also niemals den Spielraum, die Entscheidung bezüglich des Klebebands alleine zu treffen.

b. Völlig richtig. In Deutschland werden Probleme grundsätzlicher und umfassender angegangen, während in Großbritannien zügige und vielleicht auch unkonventionelle Lösungen bevorzugt werden. Führungskräfte verstehen sich eher als ‚Ermöglicher', während sie in Deutschland häufig technische Experten sind. In Deutschland würde man alles, das gemacht wird, auch richtig machen wollen, während in Großbritanniendie Devise wohl eher lautet: „Hauptsache es funktioniert.". Durch „Versuch und Irrtum" können Dinge getestet werden. Britische Unternehmen bieten ihren Kunden gerne schnelle, deutsche eher umfassende Lösungen.

c. Hat Erklärungswert. Während in Deutschland die Qualität des Produkts eher im Fokus steht, ist es in Großbritannien auch die Schnelligkeit und Freundlichkeit des Service. In Deutschland würde die improvisierte Lösung sicherlich abgelehnt werden. Eine solche Lösung braucht aber auch mehr Zeit.

d. Das könnte natürlich sein, wobei ein solches Verhalten weniger kulturspezifisch ist, sondern wohl mehr der Situation des Arbeiters geschuldet wäre. Nachdem es sich hier aber nicht um einen Fehler des Mitarbeiters handelt, sondern um ein eher grundsätzliches Problem, ist diese Antwort eher unwahrscheinlich.

Vorschläge
Interkulturelle Kommunikation und Kompetenz besteht im Wesentlichen darin, zwei logische aber sich widersprechende Interpretationen eines Problems oder einer Lösung miteinander zu verbinden. Interkulturelles Lernen würde bedeuten, beide Handlungsmuster – pragmatische Lösung und umfassende Analyse und nachhaltige Problemlösung – in die Handlungsroutinen des Unternehmens zu integrieren. Wann hilft die pragmatische britische Herangehensweise mehr, wann ist eine gründliche deutsche Herangehensweise von Vorteil?

Kulturstandard: Pragmatismus

- Im Arbeitsleben und Bildungswesen gilt in Großbritannien Pragmatismus als Ideal, was einer stereotypisch deutschen Herangehensweise – Detailliertheit, weitgehende Planung – geradezu diametral entgegensteht!
- Britische Abneigung gegen Prinzipien, deren praktischer Nutzen sich nicht erschließt!
- Man reagiert lieber situations-adäquat und flexibel!
- Man „wurstelt" sich lieber durch und ist bereit zu Kompromissen!
- „Common sense" – der gesunde Menschenverstand – ist wichtiger als Idealismus und die Erfüllung von Plänen!
- Neue Ideen werden erst einmal mit Erfahrungen abgeglichen!
- Der „Down to earth"-Charakter von Vorschlägen und Ideen wird geschätzt!

8.5 Kulturstandards in der Schweiz

8.5.1 Schweiz – Das Gespräch danach

Herr Simmering arbeitet im Controlling eines großen Schweizer Messeveranstalters, der sowohl branchenorientierte Fachmessen als auch Verbraucherausstellungen durchführt. Seine Aufgabe im heutigen Meeting ist es, seine Kollegen über die neusten Zahlen zu unterrichten. In seiner Präsentation mit Kurven- und Balkendiagrammen vergleicht er die letzten beiden Geschäftsjahre. Während seines Vortrags bemerkt er einen gravierenden Fehler und stellt fest, dass sein Chef den Fehler ebenfalls erkannt hat. Dieser unterbricht ihn weder, noch korrigiert er ihn.

Nach dem Meeting bittet der Chef Herrn Simmering in sein Büro. In Erwartung einer deutlichen Rüge des Fehlers, der mit etwas Sorgfalt hätte vermieden werde können, überraschen ihn die Worte seines Vorgesetzten: „Ja, die Zahlen waren nicht ganz richtig, aber alle haben gewusst, was der Trend ist und was sie uns sagen wollten. Nächstes Mal wird es dann wieder korrekt." Herr Simmering ist einigermaßen erstaunt, dass die Rüge ausblieb.

Einschätzung

a. Für den Chef war der Fehler wenig bedeutsam, weshalb er keinen Wind machen wollte.

☐ völlig richtig   ☐ hat Erklärungswert   ☐ unentschieden

☐ eher unwahrscheinlich   ☐ völlig falsch

b. Der Schweizer Chef kennt sich im Thema wenig aus. Nur die falschen Zahlen waren ihm aufgefallen.

☐ völlig richtig   ☐ hat Erklärungswert   ☐ unentschieden

☐ eher unwahrscheinlich   ☐ völlig falsch

c. Eigentlich war der Chef von der kompetenten Präsentation angetan und positiv von Herrn Simmering überrascht. Deshalb ist ihm die Kritik des Fehlers zu heikel. In einer Besprechung des Themas, wäre der Chef Herrn Simmering nicht gewachsen.

☐ völlig richtig   ☐ hat Erklärungswert   ☐ unentschieden

☐ eher unwahrscheinlich   ☐ völlig falsch

d. Der Vorgesetzte übt auf sehr sanfte Weise Kritik, um Herrn Simmering nicht persönlich anzugreifen.

☐ völlig richtig   ☐ hat Erklärungswert   ☐ unentschieden

☐ eher unwahrscheinlich   ☐ völlig falsch

Eigene Einschätzung

_____
_____
_____

Erklärung
a. Eher unwahrscheinlich. Der Fehler war vermutlich für alle Anwesenden sichtbar. Solch einen Fehler zuzulassen, lässt das Meeting in einem schlechten Licht erscheinen. Zudem hatte der Vorgesetzte Herrn Simmering in sein Büro gerufen. Diese Antwort reicht nicht aus.
b. Völlig falsch. Zum einen ist der Chef sicherlich im Thema ‚drin‘, zum anderen lässt er anklingen, dass dies auch die Zuhörer sind, sie ja „den Trend kennen".
c. Völlig falsch. Der Schweizer Chef ist sicherlich kompetent genug, nicht nur, um die falschen Zahlen bemerkt zu haben, sondern auch, um einer Besprechung der Details mit Herrn Simmering gewachsen zu sein.
d. Völlig richtig. Der Fehler war für alle sichtbar, aber kein Fehler, der womöglich Konsequenzen zur Folge hätte. Die Bitte ins Büro reicht völlig aus. Der Zweck der kleinen Unterredung ist es, künftig solche Fehler zu vermeiden, ohne den Mitarbeiter anzugreifen.

Vorschläge
Gravierende und unnötige Fehler haben in einem deutschen Unternehmen oft andere Folgen. In einem deutsch-kulturellen Kontext wäre eine öffentliche Ansprache des Fehlers, eine Korrektur, Rüge und/oder Mahnung an alle, solche Fehler zu vermeiden, zu erwarten gewesen. In der Schweiz wird der Fehler zwar nicht ignoriert, jedoch auch nicht zu einer öffentlichen Sache erhoben. Welchen Vorteil hätte es gebracht, den Mitarbeiter im Meeting auf den Fehler hinzuweisen? Den Anderen hätte es gezeigt, dass die Präsentation offensichtlich vorher nicht besprochen wurde. Herr Simmering wäre bloßgestellt worden.

Kritik wird in der Schweiz sehr vorsichtig geübt. Wichtig ist dabei eine Art „Gesicht wahren" des Kritisierten. Deutsche sind es gewohnt, härter ‚angepackt' zu werden. Falls eine vorsichtige Ansprache nicht hilft, kann etwas deutlicher gesprochen werden: „Die Ansprüche an Korrektheit in unserem Unternehmen hatten wir ja besprochen. Ihre Präsentationen erfüllen diese noch nicht."

Umgekehrt empfiehlt es sich im Umgang mit Schweizer Kollegen ebenfalls die Kritik eher in einen Strauß Blumen zu verpacken, sie nicht öffentlich, sondern eher als Nebensache zu äußern.

Kulturstandard: Gesicht wahren

- Es geht bei diesem Schweizer Kulturstandard um Wertschätzung jeder Person und jeder Meinung!
- Der föderalistische und neutralitätsorientierte Charakter der Schweiz als Land bringt eine hohe Dialogbereitschaft und die Notwendigkeit, jedermanns und jederfraus Gesicht zu wahren mit sich!
- Man stößt sich nicht vor den Kopf und sucht den Konsens aller Beteiligten, was sich am Kulturstandard der „Konsensorientierung" ablesen lässt!
- Vor Entscheidungen werden alle Perspektiven geprüft!
- Deutsche Kommunikations- und Handlungsmuster wirken auf Schweizer sehr direkt, als ob sie sich mit den Ellbogen durchsetzen würden!
- Deutsche Kolleginnen und Kollegen sollten in Besprechungen unbedingt darauf achten, im Sinne der gewaltfreien Kommunikation „Ich-Botschaften" auszusenden und Kritik und Verbesserungsvorschläge eher abzumildern und mit vielen Konjunktiv-Formen zu versehen!
- Nachfragen, was exakt die Schweizer Kollegin oder der Kollege meinen, helfen über die Sprachbarriere zwischen dem Deutschen und dem Schweizerdeutschen, die als zwei verschiedene Sprachen gelten, hinweg.

8.5.2 Schweiz – Vorschläge zur Optimierung

Herr Banzhaf aus Deutschland arbeitet seit einem halben Jahr für ein Konferenzcenter als Leiter der Abteilung IT (EDV). Er möchte seinen Mitarbeiterinnen und Mitarbeitern einige Ideen zum Umgang mit Qualitätsstandards präsentieren. Einen Termin für diese Präsentation setzt er für Mittwoch, 9.00 Uhr an und informiert alle betroffenen Kollegen. Er beginnt die Besprechung mit einer freundlichen Begrüßung und präsentiert seine Änderungsvorschläge. Anschließend bittet er die Kolleginnen und Kollegen um ihre Meinung zu seinen Ideen. Keiner meldet sich zu Wort, gibt seine Meinung preis oder geht auf die Vorschläge ein.

Wie können wir diese Situation erklären:

Einschätzungen

a. Herr Banzhaf hat die Kollegen fachlich überfordert. Sie haben nicht die notwendigen Kenntnisse, um seine Vorschläge kommentieren zu können.

☐ völlig richtig ☐ hat Erklärungswert ☐ unentschieden

☐ eher unwahrscheinlich ☐ völlig falsch

b. Herrn Banzhafs Kollegen wissen, dass seine Ideen nicht nur immense Kosten verursachen würden, sondern auch bedeutende Umstrukturierungen notwendig machen würden. Den hierfür notwendigen Überblick über das Unternehmen haben die Kollegen genauso wenig wie die notwendigen Kompetenzen.

☐ völlig richtig ☐ hat Erklärungswert ☐ unentschieden

☐ eher unwahrscheinlich ☐ völlig falsch

c. Die Kollegen sind skeptisch, wollen aber nicht in einer so großen Runde widersprechen.

☐ völlig richtig ☐ hat Erklärungswert ☐ unentschieden

☐ eher unwahrscheinlich ☐ völlig falsch

d. Herr Banzhaf ist erst seit sechs Monaten im Unternehmen, weshalb seine Vorschläge nicht für voll genommen werden.

☐ völlig richtig ☐ hat Erklärungswert ☐ unentschieden

☐ eher unwahrscheinlich ☐ völlig falsch

Eigene Einschätzung

_____
_____
_____

Erklärung

a. Völlig falsch. Diese Antwort würde die Kompetenz von Herrn Banzhaf anzweifeln. Er war sich bestimmt sicher, wann er welche Vorschläge anbringen kann. Außerdem sind die eingeladenen Teilnehmerinnen und Teilnehmer aus seiner Fachabteilung mit Sicherheit Experten in ihrem Feld.
b. Eher unwahrscheinlich. Das Thema des Treffens war noch nicht die Umsetzung der Verbesserungsvorschläge, mögliche Kosten und strukturelle Veränderungen. Ziel war es, zu erfahren, wie die Kolleginnen und Kollegen, die schon länger für das Unternehmen tätig sind, die Vorschläge sehen. Sein Ansinnen war auch nicht, über die Kolleginnen und Kollegen hinweg zu entscheiden, sondern einen kollegialen Rat zu erhalten.
c. Völlig richtig. Wenn jemand ‚nichts sagt', bedeutet dies in der Schweiz weder Zustimmung noch Ablehnung. Es gibt eine grundlegend skeptische Haltung gegenüber Neuem, vor allem dann, wenn nicht zuvor die Meinung und das Fachwissen jedes Beteiligten eingeholt wurde. So werden die Kollegen auch kein Feedback geben, vor allem, weil es sich in einem großen Meeting um eine relativ formelle Situation handelt. Der Präsentierende soll nicht öffentlich sein Gesicht verlieren.
d. Eher unwahrscheinlich. Natürlich sind sechs Monate in einem Unternehmen nicht viel. Vor allem nicht, um mit Verbesserungsvorschlägen aufzuwarten. Die Ablehnung kann auch aufgrund von Missgunst oder Neid erfolgen. Auf der anderen Seite hätten Herrn Banzhaf's Kollegen dies dann mit Argumenten implizit deutlich gemacht.

Vorschläge

Die Verbesserung der Arbeitsabläufe ist heutzutage das Einmaleins einer Führungskraft. Diese Selbstverständlichkeit wollte Herr Banzhaf in diesem Meeting umsetzen. Er unterstellt aus seinem gewohnten kulturellen Umfeld, dass die Kollegen dafür auch offen sind. Seine Einladung für Mittwoch 9.00 Uhr entspricht effizienter kollegialer Zusammenarbeit, deutscher Sachorientierung und Präzision. Die Schweizer Kolleginnen und Kollegen würdigen dies auch mit ihrem Erscheinen.

Schweizer sind meist eher reserviert, egal ob es sich um positive oder negative Themen handelt. Vor allem aber sind sie in großen Meetings zurückhaltend mit ihrer Meinung, die sie lieber in Zweiergesprächen äußern. Eine optimierte Strategie würde mit ausführlichen Einzelgesprächen beginnen und die Ergebnisse dieser Gespräche würden in einer folgenden Präsentation aufgegriffen werden. Ansonsten entsteht bei den Schweizern der Eindruck, dass sie in der Präsentation vor vollendete Tatsachen gestellt würden. Natürlich kann er nun in Folge der Präsentation Einzelgespräche führen und fragen, warum der jeweilige Kollege während des Treffens nichts gesagt hat.

Insgesamt kann Herr Banzhaf aus seinen Schweizer Erfahrungen lernen. In der Arbeit mit Deutschen oder bei internationalen Projekten erreicht er durch vorherige Zweiergespräche vielleicht schon im Vorfeld eine bessere Abstimmung unterschiedlicher Perspektiven und letztendlich auch eine größere Zustimmung.

Kulturstandard: Konsensorientierung

- Im Schweizer Demokratieverständnis von zentraler Bedeutung!
- Das schließt die Pflicht der Mehrheit oder der höher gestellten ein, die Bedürfnisse und Argumente der Minderheit oder der Untergebenen mit einzubeziehen!
- Dieser Kulturstandard findet sich in Politik, Beruf, aber auch im Vereins- und Familienleben wieder!
- Ziel ist der größtmögliche Konsens!
- Kultur des Interessenausgleichs in der nur wenig Energien und Kräfte im internen Konkurrenzkampf verbraucht werden!

8.6 Kulturstandards in den USA

8.6.1 USA: Die Fachtagung

Boris Mattern ist Ingenieur im Bereich Lastkraftwagen bei Mannesmann Deutschland und war zu einer Fachtagung in den USA. Er spricht in seinem Team anschließend von diversen Projekten und Innovationen, die dort präsentiert wurden und fügt hinzu:

„Es ist immer spannend bei solchen Fachtagungen dabei zu sein und die US-Amerikaner sind exzellente Gesprächspartner. Man hört von viel Neuem, trifft ehemalige Kollegen wieder und hat endlich mal wieder Gelegenheit zu einem Austausch außerhalb des eigenen Unternehmenskontextes und der eigenen Projekte. Man braucht aber schon sehr, sehr viel Geduld. Obwohl die Fachtagungen bestens organisiert sind, spannende Angebote gleichzeitig laufen und es nie Probleme mit Technik oder Räumen gibt, ist es oft nicht auszuhalten.Ich vermute, dass in den USA jede Menge Studenten oder kleine selbstständige Ingenieure anwesend sind, die auf einem sehr geringen Niveau mit den Themen in Berührung kommen. Jeder nimmt sich das Recht heraus bei den anschließenden Fragesessions einfachste Fragen zu stellen. Quasi in jeder Präsentation und in jedem Workshop sind solche Personen anwesend und halten sich kaum zurück, nicht einmal vor großem Publikum. Es ist nervenaufreibend! Wer wirklich tiefe Fachgespräche führen möchte, muss sich zum Mittag- oder Abendessen verabreden. Aber selbst dort ist es möglich, dass jemand dazu kommt, der ständig durch Fragen und Beiträge auffällt, die von Unwissenheit nur so strotzen."

Warum ist das so?

Einschätzung

a. Fachtagungen in den USA werden auch von Berufsanfängern und Studenten besucht. Es ist gang und gäbe, dass auch fachlich relativ unkundiges Publikum anwesend ist, sich aber rege an Diskussionen beteiligt.

☐ völlig richtig   ☐ hat Erklärungswert   ☐ unentschieden

☐ eher unwahrscheinlich   ☐ völlig falsch

b. Es ist absolut üblich in den USA, dass jeder Anwesende nach bestem Wissen versucht, sich an einem Gespräch oder einer Diskussion zu beteiligen und zum Großen und Ganzen beizutragen. Jeder Teilnehmer hat ein Recht, vor dem Publikum zu sprechen und gehört zu werden.

☐ völlig richtig ☐ hat Erklärungswert ☐ unentschieden

☐ eher unwahrscheinlich ☐ völlig falsch

c. Organisatorische Aufgaben, wie Präsentationstechnik, Räume und zeitliche Abläufe werden in den USA bestens ausgeführt. Über die Zusammensetzung des Publikums in Bezug auf Homogenität oder Heterogenität macht sich niemand Gedanken.

☐ völlig richtig ☐ hat Erklärungswert ☐ unentschieden

☐ eher unwahrscheinlich ☐ völlig falsch

d. Der Zugang zum Ingenieurswesen ist in den USA weniger streng geregelt als in Deutschland. Deshalb trifft man auf Fachtagungen auch viele Laien oder weniger qualifizierte Vertreter dieser Profession.

☐ völlig richtig ☐ hat Erklärungswert ☐ unentschieden

☐ eher unwahrscheinlich ☐ völlig falsch

Eigene Einschätzung

_____
_____
_____
_____

Erklärung

a. Hat Erklärungswert. In der Tat kommt es oft vor, dass gerade auch Studenten und Menschen in Ausbildung zu Fachtagungen gehen. Sie sehen dort herausragende Persönlichkeiten des jeweiligen Fachgebiets, knüpfen berufliche Kontakte. Das ist in Deutschland ganz ähnlich. Deshalb erklärt dieser Umstand nicht das beobachtete Phänomen. Die Tatsache der Anwesenheit von Berufsanfängern ist weniger kulturspezifisch, als eher dem Kontext einer Fachtagung geschuldet.

b. Völlig richtig. Diese Antwort trifft die Situation am besten. Bereits im Kindergarten sprechen US-Amerikaner im „Show&Tell-Training" vor Gruppen, später folgen Fächer, wie „Public Speaking" oder „Debating", weshalb es US-Amerikaner viel mehr gewohnt sind, öffentlich zu sprechen. Auch ist US-Amerikanern die Vorstellung fremd, jemand müsse Expertin oder Experte sein, um sich an einer Diskussion zu beteiligen. Im Gegenteil: jeder kann und soll partizipieren. In kleineren Gruppen kann es passieren, dass sich eine Moderatorin merkt, wer schon einen Redebeitrag geleistet hat und wer nicht, um dann die Stilleren direkt anzusprechen.

c. Völlig falsch. Aus der Beobachtung von Boris Mattern ein kulturelles Muster zu formulieren, ist etwas gewagt. Vielmehr zeigt sich an der Zusammensetzung des Publikums, dass die Veranstalter offensichtlich sehr engagiert für die Fachtagung geworben hat und so viele Teilnehmer wie möglich anwesend sein sollten.

d. Diese Antwort ist ebenfalls völlig falsch. Auch in den USA müssen Ingenieure studieren und sind Experten auf ihrem Gebiet.

Vorschläge

Das Gleichheitsdenken in den USA wird im Alltag gelebt und ist nicht nur ein gesetzlich verbrieftes Recht. Anzeichen hierfür finden sich auf allen Ebenen: von der Schulklasse über die Kirchengemeinde, von der Kommunalpolitik bis in alle gesellschaftlichen Initiativen. Freilich würde man in Deutschland den Äußerungen eines Experten gerne Vorrang geben. Gegenseitiges Lernen, sich ergänzen und in Diskussionen unterstützen nehmen in den USA einen höheren Wert ein.

Herr Mattern sollte sich an diesen Stil in den USA gewöhnen und die Vorteile nutzen, sich einzubringen und sich von eventuellen Fragen von Laien auch Anregungen von Fachfremden zu holen. Im Sinne eines

Interkulturellen Lernens können niederschwellige Diskussionsformate helfen, mehr Menschen für ein Thema zu interessieren.

Zusätzliche Frage zur Anregung: Welche Vorkehrungen würden Sie treffen, wenn Sie eine Fachtagung in den USA unter Beteiligung von internationalem Publikum planen, organisieren und durchführen?

Kulturstandard: Gleichheitsdenken

- Gleichheit ist seit der Französischen Revolution, seit dem Ausspruch „Freiheit", „Gleichheit", „Brüderlichkeit", ein Ideal aller demokratischen Gesellschaften!
- Alle Gesellschaften stehen vor dem Dilemma, auf der einen Seite das Gleichheitsideal zu erfüllen und auf der anderen Seite Unternehmen, Verwaltungen und die Gesellschaft insgesamt zu organisieren. Hier werden kulturelle Unterschiede erkennbar (s. Kulturdimension „Machtdistanz")!
- Die Möglichkeit zum Aufstieg im Sinne eines „vom Tellerwäscher zum Millionär" spielt in den USA eine große Rolle und manifestiert sich im Wert der Chancengleichheit!
- Vergleicht man die Gesetzgebung zur Antidiskriminierung fällt auf, dass es in den USA hauptsächlich um die Herstellung von Chancengleichheit geht!
- In der Vorstellung von US-Amerikanern sind Hierarchie-, Einkommens- und Statusunterschiede deshalb entstanden, weil Menschen geschickt die Chancengleichheit nutzten, um sich nach oben zu arbeiten. Insofern sind erfolgreiche Menschen zu Recht in ihren Positionen. Das eher in Deutschland ausgeprägte Hinterfragen von Autoritäten und deren Einkommen findet sich in den USA kaum!
- „FYI" findet sich in vielen E-Mails: „For your information", auch wenn die Infos für Sie nicht relevant sind, verlangt es die Chancengleichheit in Unternehmen in den USA, dass allen alle Informationen zugänglich gemacht werden!
- Zwischen den unterschiedlichen Hierarchieebenen gibt es oft Formate des offenen Austauschs!

- Auch ist die Gleichstellung von Frauen, benachteiligten Gruppen und Menschen mit körperlicher Einschränkung in den USA deutlich weiter als in Deutschland!
- Für den Umgang miteinander bedeutet dies, dass Rang und Status nicht bestimmend sind!
- Niemand sollte sich durch Ratschläge als besser oder klüger darstellen, man will durch Visionen und Statements überzeugt und mitgenommen werden!
- Auch die Belehrung eines Kunden oder der Hinweis darauf, dass der Kunde bspw. zur falschen Zeit kommt oder eine Reservierung nicht richtig abgeschickt hat, ist in den USA ein No-Go!
- Anweisungen und Befehle werden als Bitten verpackt!

8.6.2 USA: Wahl des Veranstaltungsortes

Ein deutscher Automobilhersteller hat Ihre Event-Agentur beauftragt, das nächstjährige Welttreffen der Mitarbeiterinnen und Mitarbeiter des Konzerns in den USA auszurichten. In diesem Projekt arbeiten Sie mit einer Destination Management Company (DMC)in Los Angeles zusammen.

Ihre Event-Agentur hatte die US-amerikanische DMC gebeten, eine Liste von potenziellen Veranstaltungsorten anhand bestimmter Kriterien zu erstellen. Drei der US-amerikanischen Event-Manager – BrianSmith, Donovan Grueser und Paul West – haben an dieser Liste gearbeitet und eine Vorauswahl von drei geeigneten Orten getroffen. Sie werden Ihnen auch bei der Durchführung des Welttreffens zur Seite stehen.

Sie haben sich in Ihrem Projektteam für einen der Veranstaltungsorte entschieden, sind gemeinsam in die USA gereist, um die drei Kollegen kennen zu lernen, sitzen nun im Meeting. In Ihrer Präsentation sprechen Sie über den professionellen Hintergrund der deutschen Teammitglieder, deren Erfahrungen mit der Auswahl von Veranstaltungsorten und über die Entscheidungskriterien, um den US-amerikanischen Kollegen ein Gefühl für die deutsche Perspektive zu geben. Während der Präsentation haben Sie ein zunehmend schlechtes Gefühl und meinen, Ungeduld bei den drei Kollegen wahrzunehmen. Es scheint, als ob sie sich nicht richtig interessieren. Richtige Empörung bei Ihren Kollegen entsteht, als Donovan Grueser Sie unterbricht und meint: „Wir wollen eigentlich nicht wissen, wie die Uhr tickt, wir wollen gerne wissen, wie spät es ist."

Einschätzung

a. Brian Smith, Donovan Grueser und Paul West ärgern sich, weil sie selbst in die Entscheidung für einen der drei Standorte nicht eingebunden waren.

☐ völlig richtig ☐ hat Erklärungswert ☐ unentschieden

☐ eher unwahrscheinlich ☐ völlig falsch

b. Es ist wirklich so, dass die drei ungeduldig sind, weil sie andere Dinge zu tun haben und ihnen die Präsentation einfach zu lange erscheint.

☐ völlig richtig ☐ hat Erklärungswert ☐ unentschieden

☐ eher unwahrscheinlich ☐ völlig falsch

c. Hinter der Äußerung Paul Wests und der beobachteten Ungeduld der anderen Beiden versteckt sich deren Ablehnung der Vorgehensweise bei der Auswahl des Standorts.

☐ völlig richtig ☐ hat Erklärungswert ☐ unentschieden

☐ eher unwahrscheinlich ☐ völlig falsch

d. Die Kollegen der Destination Management Company finden Ihre Präsentation viel zu ausschweifend und würden gerne zur Tat schreiten.

☐ völlig richtig ☐ hat Erklärungswert ☐ unentschieden

☐ eher unwahrscheinlich ☐ völlig falsch

Eigene Einschätzung

_____
_____
_____

Erklärung

a. Es passiert wirklich öfter, dass US-amerikanische Mitarbeiter ich beschweren, dass in deutschen Muttergesellschaften Entscheidungen über ihre Köpfe hinweg getroffen werden und dabei die Besonderheiten des US-amerikanischen Marktes nicht berücksichtigt werden. Nachdem es sich hier aber um kooperierende Unternehmen handelt, dürfte das nicht der Fall sein. Es war von Anfang an klar, dass die Entscheidung beim Auftraggeber liegt und die Kollegen in Los Angeles eher als Dienstleister auftreten. Auch hatten sie die Gelegenheit, nur solche Veranstaltungsorte auf die Liste zu setzen, die sie selbst für wirklich geeignet halten. Nachdem die Vorauswahl bei Brian Smith, Donovan Grueser und Paul West lag, ist es unwahrscheinlich, dass sie jetzt verärgert sind.
b. Brian Smith, Donovan Grueser und Paul West werden viele Aufgaben am Veranstaltungsort des Welttreffens übernehmen und sind von daher unter Garantie nicht uninteressiert.
c. Donovans Bemerkung zeigt, dass er keine Hemmungen hat, auch einen spitzen Kommentar abzugeben. Hätte er Kritik am Auswahlverfahren oder wäre er mit etwas nicht einverstanden, hätte er – oder einer seiner Kollegen – dies bestimmt auf die US-amerikanische Art und Weise gesagt.
d. Diese Antwort ist völlig richtig. Brian Smith, Donovan Grueser und Paul West haben Vorarbeiten geleistet und wollen nun eigentlich nur wissen, welcher Veranstaltungsort es sein soll. Natürlich sind sie mit jedem der Orte einverstanden, immerhin haben sie sie ausgewählt. Ihre Präsentation war viel zu langatmig. US-Amerikaner sind es von Kindheit an gewohnt, sich kurz und bündig und

so einfach wie möglich auszudrücken. Es wird kommuniziert, was von Relevanz ist und Hintergrundinformationen werden übersprungen. Im Vergleich dazu denken Deutsche eher in Netzwerken, d. h. dass alle möglicherweise relevanten Informationen einfließen und eine eher ganzheitliche Betrachtung erstellt wird. In der Folge dieser Prägung und deren Betrachtung als „Normalität" erleben Deutsche ihre US-amerikanischenKollegen oft als zu simpel. Ihnen fehlen Details und ihnen fehlen Hintergründe. US-Amerikaner hingegen erleben Deutsche oft als zu umständlich und sehen deren Ausführungen als ausschweifend und überladen. Ihre Präsentation wurde von den Kollegen wahrscheinlich als Zeitverschwendung empfunden. Sie warten auf das „Go" und würden dann gleich zur Tat schreiten.

Vorschläge
Im vorliegenden Fall ist klar: Wer bezahlt, entscheidet auch. Der US-amerikanische Kulturstandard der Gleichheit spielt hier keine Rolle und verpflichtet schon gar nicht dazu, im Konsens zu entscheiden. Das US-amerikanische Team ist auch schon bei den nächsten Schritten.

Statt langatmiger Präsentationen mit vielen Hintergrundinformationen könnten Sie gleich die nächsten Maßnahmen besprechen. Das Beispiel zeigt sehr gut die unterschiedlichen kulturellen Prägungen mit der deutschen Idee, in einer Besprechung einen Konsens zu erzielen, an den dann alle Beteiligten gebunden sind, ebenso die US-amerikanische Handlungsorientierung.

Impulsfrage: Wie würden Sie in Zukunft ein solches, erstes Meeting mit US-amerikanischen Partnern gestalten?

Kulturstandard: Handlungsorientierung

- Verallgemeinernd können US-Amerikanerinnen und -Amerikaner als sehr aktive und energievolle Menschen beschrieben werden!
- Man ist ständig aktiv und empfindet sogar Redepausen als unangenehm!

- Die Beschäftigung mit praktischen und konkreten Aktivitäten steht im Vordergrund, also vor einer intellektuellen Analyse!
- Die Arbeit, Tätigkeit und Karriere sind wichtige Aspekte des Selbstbildes!
- Die Frage „What do you do?" steht hier symbolisch für die Fokussierung auf den Beruf als identitätsstiftendes Element!
- Effektivität, Optimismus und ein höheres Tempo als in Deutschland kennzeichnen das Arbeitsleben in den USA!
- In Präsentationen stehen die nächsten Schritte, also „das Tun" im Vordergrund!

8.7 Vergleich von Kulturstandards der wichtigsten deutschen Handelspartner

Siehe Tab. 8.1.

Ihr Transfer in die Praxis

- Überschätzen Sie die Aussagekraft von Kulturstandards nicht. Treffen Sie Individuen, nicht Kulturen.
- Verschaffen Sie sich mit Kulturstandards einen schnellen Überblick darüber, was in einer Kultur als „normal" angesehen wird.
- Lernen Sie durch Beobachtung und Reflexion von Erlebnissen und Begegnungen, wie sich Kulturstandards im praktischen Verhalten zeigen.
- Das Lernen über Fallbeispiele hilft Ihnen, sich schnell auf die Arbeit in einem neuen Kulturkreis vorzubereiten.

Tab. 8.1 Vergleich der Kulturstandards der wichtigsten deutschen Handelspartner (Quelle: statistisches Bundesamt. (https://www.destatis.de/DE/ZahlenFakten/GesamtwirtschaftUmwelt/Aussenhandel/Tabellen/RangfolgeHandelspartner.pdf?__blob=publicationFile))

Deutschland[a]	China[b]	Frankreich[c]	Großbritannien[d]	Schweiz[e]	USA[f]
Sachorientierung	Hierarchie	Indirekter Kommunikationsstil	Selbstdisziplin	Konsensorientierung	Gleichheitsdenken
Wertschätzung Strukturen und Regeln	Strategie und Technik	Personenorientierung	Indirekte interpersonale Kommunikation	Schweizerdeutsch	Handlungsorientierung
Zeitplanung	Gesicht wahren	Autoritätsorientierung	Ritualisierung	Gesicht wahren	Gelassenheit (easy going)
Internalisierte Regelkontrolle	Soziale Harmonie	Dynamischer Entscheidungsprozess	Pragmatismus	Etikette	Leistungsorientierung
Trennung „beruflich" und „privat"	Das Guanxi-System („Zweck-Beziehungen")	Flexibilität	Ritualisierte Regelverletzung	Zurückhaltung	Individualismus
Schwacher Kontext	Bürokratie	Polychrones Zeitverständnis	Interpersonale Distanzreduzierung	Wertschätzung	Soziale Anerkennung (niceguy)
Individualismus	Regelrelativismus	Nationalstolz	Deutschlandstereotyp	Zuständigkeitsdenken	Interpersonale Distanzminimierung
				Patriotismus	

[a]Schroll-Machl (2007)
[b]Thomas et al. (2008)
[c]Mayr und Thomas (2009)
[d]Schmid und Thomas (2003)
[e]Lechner und Thomas (2011)
[f]Slate und Schroll-Machl (2017)

Literatur

Lechner, A., & Thomas, A. (2011). *Beruflich in der Schweiz – Trainingsprogramm für Manager, Fach- und Führungskräfte.* KG Göttingen: Vandenhoeck & Ruprecht GmbH & Co.

Mayr, S., & Thomas, A. (2009). *Beruflich in Frankreich – Trainingsprogramm für Manager, Fach- und Führungskräfte.* KG Göttingen: Vandenhoeck & Ruprecht GmbH & Co.

Schmid, S., & Thomas, A. (2003). *Beruflich in Großbritannien – Trainingsprogramm für Manager, Fach- und Führungskräfte.* KG Göttingen: Vandenhoeck & Ruprecht GmbH & Co.

Schroll-Machl, Sylvia. (2007). *Die Deutschen – Wir Deutsche – Fremdwahrnehmung und Selbstsicht im Berufsleben.* KG Göttingen: Vandenhoeck & Ruprecht GmbH & Co.

Slate, E., & Schroll-Machl, S. (2017). *Beruflich in den USA – Trainingsprogramm für Manager, Fach- und Führungskräfte.* KG Göttingen: Vandenhoeck & Ruprecht GmbH & Co.

Thomas, A., Schenk, E., & Heisel, W. (2008). *Beruflich in China – Trainingsprogramm für Manager, Fach- und Führungskräfte.* KG Göttingen: Vandenhoeck & Ruprecht GmbH & Co.

9

Aufbau einer Interkulturellen Kompetenz und Personalentwicklung

> **Was Sie aus diesem Kapitel mitnehmen**
>
> Wenn Sie sich nun selbst fragen, wie Sie Ihre persönliche Interkulturelle Kompetenz aufbauen können, oder wenn Sie im Bereich der Personalentwicklung oder eines Projektmanagements sehen möchten, was die Mitarbeiter Ihres Teams an Fähigkeiten benötigen, werden Ihnen die folgenden Seiten eine Orientierung bieten.

Interkulturelle Sensibilisierung

Während der Aufbau Interkultureller Kompetenz uns universal auf die Begegnung mit Menschen aus anderen Kulturen vorbereitet, benötigen bestimmte Expatriat-Missionen, Konferenzen und Events mit bestimmten Zielgruppen oder gar geklonte Messen im Ausland ein Training für die spezifischen Kulturkreise. Dazu braucht es zwingend Seminare zum Aufbau einer allgemeinen Interkulturellen Kompetenz, ein länderspezifisches Training, Rat und Tat der Expatriat-Community vor Ort und vielleicht sogar einen Berater aus der Zielkultur.

Critical Incidents und länderspezifische Trainings
Nach der Sensibilisierung für interkulturelle Situationen bietet sich die Beschäftigung mit Fallbeispielen – sogenannten „critical incidents" – an. In diesen Fallbeispielen werden in Video- oder Textform bestimmte Geschehnisse geschildert. Der Trainee versucht die Situation einzuschätzen und erhält darauf ein Feedback, dann versucht er Lösungen zu finden und erhält wiederum ein Feedback. Auf diese Weise nähern wir uns schrittweise den realen Situationen.

Ethnografische Methode
Bei der ethnografischen Methode handelt es sich um eine systematische Beobachtung. Wir sprechen auch von einer Kulturexploration. Der Umstand, dass nur gewisse Aspekte einer Kultur sichtbar sind, stellt uns vor die Herausforderung Handlungsgewohnheiten erst langsam – durch Beobachtung – herausfinden zu müssen.

In Trainings begeben wir uns hierzu in nicht organisierte Alltagssituationen – an den Bahnhof, auf den Markt, in ein Einkaufszentrum oder eine Arztpraxis. Wir lassen die Gesamtsituation auf uns wirken und beginnen uns auf bestimmte, sich wiederholende Verhaltensweisen zu konzentrieren. Wir beginnen im Anschluss über einen bestimmten Zeitraum, innerhalb eines bestimmten Feldes, diese Verhaltensweise und ihre Variationen zu beobachten. Die Methode dient dazu, Muster im Verhalten der beobachteten Kultur festzustellen.

Während dieses Instrument uns auf Veranstaltungen beim Monitoring und in der Verbesserung der Angebote helfen kann, stellt die Kulturexploration für Expatriates ein geeignetes Instrument zu einer stillen Verhaltensanpassung und zum interkulturellen Lernen dar.

Wie viel Interkulturelle Kompetenz brauchen Mitarbeiter?
Wir alle kennen – womöglich aus Reiseführern – die sogenannten „Do's & Don'ts". Sie bewahren uns davor als Mann in Italien kurze Hosen zu tragen und die „Kaktus-Beine" zu zeigen, einem Araber die Schuhsohle entgegen zu halten oder uns vor einem Buddha fotografieren zu lassen. „Do's & Don'ts" sind sozusagen der Knigge für eine kurze Begegnung und zur Vermeidung von Fettnäpfchen.

Ob Sie einem chinesischen Geschäftspartner Ihre Visitenkarte mit einer Hand, beiden oder gar auf einem Samtkissen überreichen, wird aber letztendlich verhältnismäßig wenig Einfluss auf ihre Geschäftsbeziehung haben.

Ein tieferes Verständnis für andere Kulturen entwickeln wir vor allem durch die Beschäftigung mit unserer eigenen Kultur, die durch gezielte affektive Methoden in Trainings erfolgen sollte. Und, wir erreichen den Aufbau unserer Interkulturellen Kompetenz durch systematisch reflektierte Erfahrungen.

Folgende Teilkompetenzen sollten aufgebaut werden:

- Bewusstsein für die eigene kulturelle Prägung und Perspektive („Kulturbrille")
- Fähigkeit zur Selbstdistanzierung und zur Selbstreflexion
- Ambiguitätstoleranz
- Wahrnehmungspräzisierung
- Kultursensibler Blick
- Fähigkeiten zum Perspektivenwechsel
- Flexibilität in Kommunikationsmustern
- Erweiterung der Handlungsroutinen

Das sehr erfolgreiche modulare Lehrgangssystem Xpert-Culture Communication Skills®(Xpert-CCS®), das an der Ludwig-Maximilian-Universität (LMU) entwickelt wurde – unterscheidet zweierlei Kompetenzstufen:

1. Beobachtungs- und Analysekompetenz
2. Handlungskompetenz

Vor allem die Beobachtungs- und Analysekompetenz erreichen wir durch den zuvor geschilderten Aufbau Interkultureller Kompetenz, also der Kombination sozialer Fertigkeiten, interkultureller Erfahrungen und einschlägigem Fachwissen. Das Curriculum der LMU spricht hier von mindestens 4 Tagen intensiven Trainings.

NEEDS-Analysis: Trainingszeit in Unterrichtseinheiten (UE): 1 UE = 45 min

Zielgruppe/ Themen, bzw. Kompetenz-felder	Hostessen Catering- und Service-Personal	Mitarbeiter mit schriftlichen und telefonischen Kontakten	Mitarbeiter in multikulturellen Teams	Mitarbeiter in multikulturellen Teams mit Führungsverantwortung	Expatriates im Ausland oder ausl. Expats in einem deutschen Arbeitsumfeld
„Knigge" – Do's & Don'ts	2	2	–	–	–
Bewusstsein für die Eigene Kultur	2	4	6	8	8
Umgang mit kultureller Fremdheit	–	3	6	8	8
Wahrnehmungspräzisierung & kulturelle Filter	2	2	4	6	6
Techniken für interkulturelle Begegnungen	1	1	4	6	6
Kulturexploration	–	–	4	8	8
Kulturgrammatik	–	2	8	12	12
Flexibilität in Kommunikationsmustern	1	2	4	8	6
Differenzierung der Handlungsroutinen	–	–	4	8	6
Deutsche oder Zielland-spezifi. Kultutstandards	–	–	–	–	4
Trainingszeit/-tage:	8 UE/1 Tag	16 UE/2 Tage	40 UE/5 Tage	64 UE/8 Tage	64 UE/8 Tage

Für das Erreichen einer Handlungskompetenz, also der Fähigkeit in einer multi- oder fremdkulturellen Umgebung erfolgreich zu agieren, veranschlagt die LMU weitere 6 Tage intensiven Trainings. Wir möchten Ihnen mit folgendem Fragebogen eine Möglichkeit an die Hand geben, ihren Bedarf an Kompetenzen zu analysieren, den Erfahrungs- und Kompetenzstand Ihrer Mitarbeiter festzustellen und geeignete Trainingsmaßnahmen zu planen:

Ihr Transfer in die Praxis

- Wählen Sie aus den vorgeschlagenen Mitteln, um Ihre persönliche Interkulturelle Kompetenz weiter aufzubauen.
- Analysieren Sie hierzu Ihre Kompetenz anhand der Teilkompetenzen.
- Achten Sie in der Zusammenstellung von Teams auf die Interkulturelle Kompetenz der Mitarbeitenden.
- Lassen Sie Ihr Personal situations- und bedarfsgerecht schulen.

Kritik

> **Was Sie aus diesem Kapitel mitnehmen**
>
> „Glauben Sie nicht alles, was sie denken" und nehmen Sie nicht alles als absolute Handlungsanweisung, was Sie in diesem QuickGuide gelesen haben. Eine kritische Distanz hilft uns bei unserer persönlichen Weiterentwicklung. Es ist insgesamt immer fragwürdig, ob sinnvoll über Gruppen gesprochen werden kann, weil damit immer eine eigentlich unzulässige Verallgemeinerung einhergeht.

In den einleitenden Kapiteln wurde der Begriff „Kultur" von allen Seiten beleuchtet und Ihnen wurde angedroht, dass Ihnen der Begriff wieder genommen wurde.

Wenn wir den Forschungen des Kommunikationspsychologen Friedemann Schulz-von-Thun Glauben schenken, sollten wir den Begriff auch schnell wieder vergessen. Die kulturellen Unterschiede, die wir innerhalb einer nationalen Gesellschaft haben, sind größer, als die Unterschiede zwischen den Durchschnittswerten der zu vergleichenden Kulturen.

Genauso, wie die Überbetonung der Zugehörigkeit zu einer Nation den Blick auf das Individuum verstellt, so tut dies auch der Kulturbegriff. Die Konzentration auf kulturelle Phänomene beraubt uns des unbefangenen Blicks auf unser Gegenüber, auf unsere Kollegen und Geschäftspartner, die wir nicht als Zugehörige einer Kultur, sondern viel mehr in ihrer individuellen Vielfalt verstehen sollten.

Literatur

Roth, J., & Bassenhorst, M. (2014). Seminarleitfaden culture communication skills. https://www.xpert-ccs.de/doc/document.aspx?filename=20140313_Seminarleitfaden.pdf. Zugegriffen: 20. Mai 2019.

Noch mehr Quick Guides

The manufacturer's authorised representative in the EU is Springer Nature Customer Service Centre GmbH, Europaplatz 3, 69115 Heidelberg, Germany. If you have any concerns regarding our products, please contact ProductSafety@springernature.com

Printed and bound by CPI Group (UK) Ltd, Croydon, CR0 4YY

23/03/2026

02076463-0006